招聘甄选

技术—实用手册

高静 著

人民东方出版传媒
東方出版社

图书在版编目（CIP）数据

招聘甄选技术实用手册 / 高静 著. —北京：东方出版社，2018. 4
ISBN 978-7-5060-8712-4

Ⅰ. ①招…　Ⅱ. ①高…　Ⅲ. ①招聘—手册　Ⅳ. ①F241. 32-62

中国版本图书馆 CIP 数据核字（2017）第 069155 号

招聘甄选技术实用手册
（ZHAOPIN ZHENXUAN JISHU SHIYONG SHOUCE）

作　　者：高　静
责任编辑：郭　国
出　　版：东方出版社
发　　行：人民东方出版传媒有限公司
地　　址：北京市东城区东四十条 113 号
邮　　编：100007
印　　刷：北京京都六环印刷厂
版　　次：2018 年 4 月第 1 版
印　　次：2018 年 4 月第 1 次印刷
开　　本：710 毫米×1000 毫米　1/16
印　　张：16. 25
字　　数：226 千字
书　　号：ISBN 978-7-5060-8712-4
定　　价：50. 00 元
发行电话：（010）85924663　85924644　85924641

目录

序

2002年以来，我一直从事人力资源管理咨询的相关工作，而其中，招聘甄选与人才测评工作是我工作中的重点。忙忙碌碌，一边工作，一边学习，一直没有停下来认真的思考总结，成书过程也是一个重新审视与自我成长的过程。

总有人跟我说，评价中心技术成本太高，不适合企业大规模的推广。

我总是不信。于是我们在工作中做了很多的尝试，积累了很多经验。所以这个书里的内容，也许有些浅薄，不够高大上，但却是我们在实践中发现的有用的、有价值的做法。有一些成本并没有那么高，也有一些不是非得心理学博士才能用，才能设计。如果是那样子，这个技术本身不就是有问题的吗？我个人认为，评价中心技术不仅是大型企业、金融机构可以用，小微企业、个人也适用，相亲时想问的问题也可以是结构化的、科学的、有效的。

书中的内容，有一些是我个人工作中的感悟，有一些是端若这些年来的工作积累。侯典牧老师在书稿开始写作前帮我理清思路，我的妹妹高菲在工作与书稿两方面都给予我很多帮助，一如这些年来她给我的支持；运城学院的雷云梅同学在我这里实习，做了大量的资料整理工作；端若的侯丽娜、闫林、陈思超等同事都给了我很大的帮助；而一个重症拖延症患者能勉强按时完成书稿多亏好朋友金莹的时时督促。非常非常感谢。

经验与精力所限，很多地方深感不足，希望大家多多指正。

高 静

2017 年 12 月 6 日

第一章

招聘甄选的发展

物固莫不有长，莫不有短，人亦然。

——《吕氏春秋》

招聘与甄选是人力资源管理中的两个概念，招聘指基于组织的人力资源需求，通过发布岗位信息、收集人员信息，对人员进行甄选，做出聘用决策并聘用的过程。甄选是指对一群人进行人才素质测评与评价，从而甄别出适合企业发展的人才或选拔出一群人中更优秀的人才的活动。本书中，以招聘活动为脉络，以甄选方法为重点，对招聘甄选的实际操作进行介绍。

彼得·德鲁克说过："企业或事业唯一真正的资源是人，管理就是充分发挥人力资源以做好工作。"人类管理活动的开始就是人事管理，群居生活中最重要的就是管理与分工，人类就是在这种群居状态下，不断进步的。人是所有管理活动的主体，人力资源管理成为一门系统化的现代学科，可以追溯到19世纪末20世纪初的以泰勒为代表的科学管理理论时期。招聘甄选活动，也在那一时期开始形成体系。第一次世界大战与第二次世界大战时期，士兵、军官、情报人员的大批量选拔也为招聘甄选的体系化、科学化打下了基础。

中华文明的开端，就有各种"识人用人"的故事。传说黄帝做了个风吹掉地上尘埃的梦，之后去寻访风后，拜了风后为相；又梦见有个人能拉千钧的弩，牧万头牛羊，于是在大泽旁找到一个叫力牧的人，拜他为将。

在《六韬》的开篇，是周文王用卜卦的方式找到姜太公的故事，故事的重点已然不是占卜了，而是周文王与姜子牙的问答。从"子乐渔也"这个问题开始，到"树敛若何而天下归之"，从态度、权谋到治国，问题逐渐深入，回答次第展开，是一次非常经典的面试过程。

本章没有对招聘甄选的发展历程展开论述，在古代人才选拔的部分，呈现了笔者觉得有意义的几种方法，近现代人才选拔部分，提到了不得不说的几个故事，近代中国人员测评选拔的发展与心理学的发展相互依存，参考了萧鸣政先生提出的引进、停滞、复苏、繁荣的发展阶段进行了简单的介绍。

一、古代人才的选拔

（一）隋唐之前的人才选拔方式

在科举考试出现以前，各朝代主要的人才选拔方式各有不同，如图1-1所示，我们主要介绍察举与九品中正制两种方法。

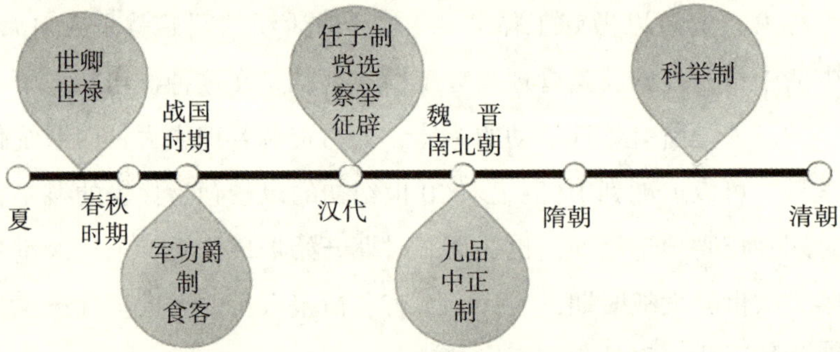

图1-1 隋唐以前政府选拔人才的发展历程

1. 察举

察举制是汉武帝于元光元年（公元前134年）确立的人才选拔的方式。由“举主”（负责荐举人才的官员）在辖区内随时考察及选取人才，推荐给中央，被试用及考核后，再任命官职。两汉时期比较通行的察举科目主要有：孝廉、秀才（东汉为避光武帝刘秀讳称茂才）、光禄四行、贤良方正（或贤良文学）、明经、明法、治剧、兵法、阴阳灾异及其他临时规定的特殊科目。

孝廉最初是每个州、郡一年举荐一到两个人，到东汉和帝时期改成了按人口比例进行荐举，大概每二十万人一年推举一个人，不足二十万人的则两年推举一个人，不足十万人三年推举一个人。对少数民族杂居的边郡地区，又另定优惠政策。

东汉光武帝建武八年（公元32年）确定了荐举标准，即“四科取士”和“光禄四行”。四科取士为：德行高妙，志节清白；学通行修，经中博士；明达法令，足以决疑，能按章复问，文中御史；刚毅多略，遭事不惑，明足以决，才任三辅令。同时要求必须有“孝弟廉公之行”。“光禄四行”为质朴、敦厚、逊让、节俭。[①]

2. 九品中正制

> 今立中正，定九品，任意高下，荣辱在手。操人主之威福，夺天朝之权势。爱憎决于心，情伪由于己……所欲与者，获虚以成誉；所欲下者，吹毛以求疵。高下逐强弱，是非由爱憎。随世兴衰，不顾才实，衰则削下，兴则扶上，一人之身，旬日异状。或以货赂自通，或以计协登进；附托者必达，守道者困悴。无报于身，必见割夺；有私于己，必得抬爱。是以上品无寒门，下品无士族……愚臣以为宜罢中正，除九品，弃魏氏之弊法，立一代之美制。
>
> ——唐·房玄龄：《晋书》卷四十五《刘毅传》

魏晋南北朝时期的九品中正制在中国历史上存在了四百年之久，它将人才分为九个等级，分别为上上、上中、上下、中上、中中、中下、下上、下中、下下九品。“中正”是官职名称，是各郡负责推荐评议人

① 引自智库百科。

物的负责人，即当时的人力资源经理人。九品中正制创立之初，评价人物的标准是家世、道德、才能三者并重。到了后期，才德标准逐渐被忽视，家世则越来越重要，甚至成为唯一的标准，到西晋时终于形成了“上品无寒门，下品无士族”的局面。

（二）科举考试概览

科举是一种通过考试来选拔官吏的制度，它是中国古代的一项重要政治制度，对中国社会和文化产生了巨大影响，直接催生了不论门第、以考试产生的“士大夫”阶层。科举开始于605年时的隋朝，发展并成形于唐朝，一直延续到清朝末年，到1905年废除科举考试，整个科举考试共持续了1300多年。笔者以为，1905年科举考试的废除，并不是科举考试的错，而是“八股”之祸。事实上，现在中外的公务员选拔体系，仍是科举考试的延续。

1. 科举考试的方法

唐代科举考试所采用的测试方法主要有帖经（相当于现在的填空题、默写），墨义（相当于现在的简答或简释），杂文（诗赋、箴、铭、论、表、诏、诰）和策（时务策，相当于现在的综合分析论述）。这些考试方法都是笔试，除此之外，唐代科举还实行过口试。《通典》卷十五记载：“贞观八年，诏加进士读经史一部。”这里的“读”即“读帖”，是在指定的经文中空出几个字，令考生连同上下文一并读出来，也就是“口试帖经”。[①]

2. 科举考试的分科

唐代科举考试类型分为常科、制举和别头试。常科分为秀才（永徽年废止）、明经、进士、明法、明书和明算，明经包括五经、三经、二经、学究一经、三礼、三传、史科和《开元礼》，明法、明书和明算为

---

① 杜海斌：《论唐代科举考试的功能》，《唐都学刊》，2003年第1期，第19卷（总75期）。

图 1-2　科举考试

专业考试，即法律、训诂和数学；而制举又分为皇帝临时下制诏，武举和道举。

宋代科举考试最初是太祖三科，贤良方正能直言极谏科、纪学伏深可为师法科和详闲吏理达于教化科。到仁宗时期，改成了六科：贤良方正能直言极谏科、博道坟典明于教化科、才识兼茂明于体用科、详明吏理可使从政科、识洞韬运筹帷幄科和军谋宏远才任边寄科。

3. 科举考试的体系、层级

科举考试流程以明清两代为例，在正式参加乡试以前，要先参加"童子试"，以便取得应试资格。童子试也分为三级：县试、府试和院试。县试在各县进行，由知县主持，通过后进行由府的官员主持的府试。通过县试、府试的便可以称为"童生"，参加由各省学政或学道所主持的院试。通过院试的童生都被称为"生员"，生员获得"入学"的资格后，可以到官办的府、州、县学读书，入学后经过学政的选拔，便可以参加下一级乡试。乡试按规定每三年一科，亦称“秋闱”，考中的称为“举人”，头名举人称“解元”。通过乡试的举人，可于次年二月参加在京师的会试和殿试。会试由礼部在京城贡院举行，亦称“春闱”，由翰林或内阁大学士主考，取中者称为“贡士”，贡士首名称“会元”。得到贡士资格者可以参加同年四月的殿试。殿试由皇帝主持和出题，亦由皇帝钦定前十名的次序，第一名状元、第二名榜眼、第三名探花。

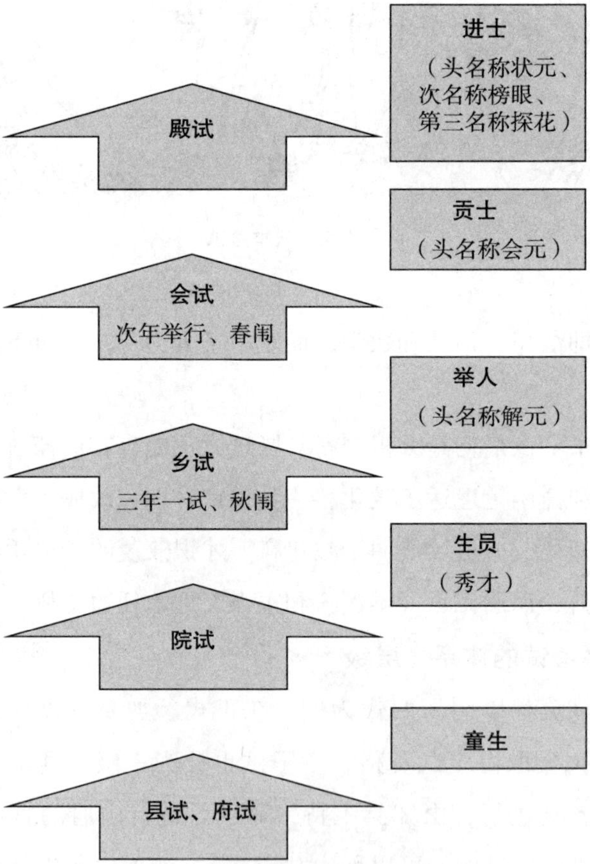

图 1-3　科举考试体系

4. 科举考试的评价及量化方法

在科举考试中，评分分类较为简单，评分方法一般分为 2—5 级，但都有客观的评价标准，并不完全是考官的主观评价，如表 1-1 所示。

秀才科：试方略策五道，分上上、上中、上下、中上四等。

进士科：经策全通为甲第，通四以上为乙第，通三帖以下及策全通而帖经文不通四，或帖经通四以上而策不通四，皆为不第。

明经科：帖经帖十取通五以上，问大义十条取通六以上，试策三条取粗有文理者与及第，分为甲、乙、丙、丁四科。

明法科：试律令各十帖，试策共七条，全通为甲，通八以上为乙，自七以下为不第。

明书科：《说文》《字林》凡十帖，口试无常限，皆通为第。

明算科：帖凡二十，兼问大义，皆通者为第。

表 1-1　科举考试评分标准

考试科目	考试内容	评分制	评分标准
秀才科	文略文理	上上	文理俱高
		上中	文高理平，理高文平
		上下	文理俱平
		中上	文理粗通
		不第	文劣理滞
进士科	试时务策五道、帖一大经	甲第	经策全通
		乙第	通四帖以上
		不第	自四帖以下
明经科	帖经帖十，问大义十条，试策三条	上上	全通
		上中	通八帖以上
		上下	通七帖
		中上	通六帖
		不第	自六帖以下

（续表）

考试科目	考试内容	评分制	评分标准
明法科	试律令各十帖，试策共七条	甲第	全通
		乙第	通八帖以上
		不第	自七帖以下
明书科	《说文》《字林》凡十帖	及第	全通
		不第	自九帖以下
明算科	帖凡二十，兼问大义	及第	全通
		不第	有不通

（三）古代贤者识别人才的方法

1. 姜子牙的五材十过与八征法

商周之际的姜子牙在他的兵书《六韬》中提出了识别与选拔将领的方法，认为优秀将帅的胜任素质应为“勇、智、仁、信、忠”。

《六韬·龙韬·论将》

所谓五材者：勇、智、仁、信、忠也。勇则不可犯，智则不可乱，仁则爱人，信则不欺，忠则无二心。

所谓十过者：有勇而轻死者，有急而心速者，有贪而好利者，有仁而不忍者，有智而心怯者，有信而喜信人者，有廉洁而不爱人者，有智而心缓者，有刚毅而自用者，有懦而喜任人者。勇而轻死者，可暴也；急而心速者，可久也；贪而好利者，可遗也；仁而不忍人者，可劳也；智而心怯者，可窘也；信而喜信人者，可诳也；廉洁而不爱人者，可侮也；智而心缓者，可袭也；刚毅而自用者，可事也；懦而喜任人者，可欺也。

他还提出了十种“非胜任素质”或者说绩效表现差的将帅的特征，

不仅将特征描述了出来，还将在行为表现中会出现的致命弱点提了出来。他提出了“外貌不与中情相应者”（即内外表现不一）的十五种情况，提醒我们观人识人时，不能只看表面，需要深入观察，或用科学的方法了解人。这应该是人力资源经理人们上的第一课——如果要识人，就要先接受人是复杂且会伪装的这一现状。

《六韬·龙韬·选将》

知之有八征：一曰问之以言以观其辞；二曰穷之以辞以观其变；三曰与之以间以观其诚；四曰明白显问以观其德；五曰使之以财以观其廉；六曰试之以色以观其贞，七曰告之以难以观其勇；八曰醉之以酒以观其态。八征皆备，则贤、不肖别矣。

……

夫士外貌不与中情相应者十五：有贤而不肖者，有温良而为盗者，有貌恭敬而心慢者，有外廉谨而内无至诚者，有精精而无情者，有湛湛而无诚者，有好谋而不决者，有如果敢而不能者，有悾悾而不信者，有恍恍惚惚而反忠实者，有诡激而有功效者，有外勇而内怯者，有肃肃而反易人者，有嗃嗃而反静悫意者，有势虚形劣而外出无所不至、无所不遂者。天下所贱，圣人所贵，凡人莫知，非有大明，不见其际，此士之外貌不与中情相应者也。

《六韬》中的识人八征法中提出了几种与现代面试十分相近的方法。“问之以言以观其辞”，问答法，重点观察回答内容；“穷之以辞以观其变”，压力面试，一直追问，观察反应能力；“与之以间以观其诚”，秘密观察，了解忠诚程度，提示我们做好背景调查，了解之前工作经历情况；“明白显问以观其德”，深入沟通，坦率交流，了解其道德水平；“使之以财以观其廉”，给予财物上的权限，观察其廉洁程度；“试之以色以观其贞”，美人计，看在美色的诱惑下是什么表现；“告之以难以观其勇”，提前告知工作的困难，即“丑话说在前头”，了解他的勇气；“醉之以酒以观其态”，劝他喝酒，待其喝醉后，观察他的仪态，看他是哪种类型的人。

2. 孔子七观

孔子提出“七观”来评价人：“问之以是非而观其志；穷之以辞辩而观其变；资之以计谋而观其识；告之以祸难而观其勇；醉之以酒而观其性；临之以利而观其廉；期之以事而观其信。”(如图 1-4 所示)

3. 刘劭《人物志》

刘劭是魏晋南北朝时期的一个奇人，学问渊博，爱好广泛。编过《皇览》(皇帝看的书，图书大全)，制过《新律》，著过《乐论》，写过《赵都赋》《许都赋》。其所著的《人物志》中，有心理学的分类方法(情之理)，还逻辑地、系统地论述了人才选拔的原理、原则和方法。1937 年，美国著名的心理学家 Shryock 将《人物志》翻译成英文，名为《人类才能的研究》，在全世界范围内有着较大的影响力。

《人物志》提出人才甄选的九征八观法。九征对人才进行了分类，八观则提出了甄别的方法，其中提出的许多方法与现代的人才选拔理论、技巧相对应，较前述的观人法更辩证、更实用，如图 1-5 所示。“观其夺救，以明间杂”一项提出了人并不总是善的或恶的，每个人都有善行与恶行，应统一辩证地看待。“观其感变，以审常度”一项，更是提出要对神色、表情、反应进行观察。“观其志质，以知其名”一项则是提出应观察性格，并进行分类。“观其所由，以辨依似”一项提出应明确动机。“观其爱敬，以知通塞”一项则是提出要观察职业态度，道德水平。“观其情机，以辨恕惑”强调要注意心理活动。“观其所短，以知所长”则是说明长处与短处的辩证关系。“观其聪明，以知所达”提出要考察智力水平。

孔子七观
问之以是非而观其志；
穷之以辞辨而观其变；
资之以计谋而观其识；
告之以祸难而观其勇；
醉之以酒而观其性；
临之以利而观其廉；
期之以事而观其信
志、变、识、勇、性、廉、信
向对方提出大是大非问题，他看志向何在
使对方处于词穷境地，看他应变能力如何
让对方为某件事出谋划策，看他谋略如何
告诉对方他将去的地方有危险，看他的勇气
劝对方饮酒，待其醉后看他是哪种类型的人
以小恩小惠引诱对方，看他是否清正廉明
与对方商定某事，看他是否讲信用

图 1-4　孔子七观法

观察善恶取舍，识别混杂品质
观察谈吐神色，窥见真实心态
观察身心素质，确定人才类型
观察行为反应，辨别假冒人才
观察爱敬态度，预知处世情况
全完了
幸好还剩点儿
观察人生态度，注意心理活动
观察偏才特点，推知相应特长
观察聪明智慧，鉴定人才档次
IQ 80
EQ 70
AQ 75
IQ 140
EQ 120
AQ 130

图 1-5 刘劭八观法

4. 诸葛亮九观

诸葛亮的“九观”提出了九种情境模拟面试的方法，如图 1-6 所示。“远使之而观其忠”一项提出让其远离自己任职而观察他们是否忠诚；“近使之而观其敬”，让考察对象就近办事而观察他们是否恭敬；“烦使之而观其能”，让他处理纷乱事务观察他们是否有能力；“猝然问焉而观其知”，对人突然提问，观察他们是否有心智；“急与之期而观其信”，仓促与对方约定时间，观察他们是否守信用；“委之以财而观其仁”，把财物托付给他们观察是否清廉；“告之以危而观其节”，把危难告诉给他们，观察是否持守节操；“醉之以酒而观其侧”，用醉酒的方式观察他们的仪态；“杂之以处而观其色”，让对方与各种各样的人相处，考察其人际交往能力。

二、现代人才选拔

（一）AT&T 的故事

1956 年，美国电话电报公司（AT&T）为了提高企业的竞争力，开始了一项“管理进步计划”的研究。这个研究计划的核心是“人才测评在人才选拔与任用中的科学性”。

研究方法是让 1956 到 1960 年受雇于该公司的几百名大学毕业生和非大学毕业生一进企业就接受“小组活动、情境模拟、面试和心理测验”等心理评估，然后，由心理学家和有经验的企业人力资源管理者按照统一的 25 个标准对他们进行评价。随后，公司将评价的报告封存起来。8 年后，他们将当时的评价报告与这段时间内每人的实际工作情况进行对照。结果发现：当时根据 25 个评价标准，结论是可以做管理人员的人中，有 80%在这 8 年的工作中被提升到中级管理岗位，实证效度的正确率为 80%；当时的评价结论是不宜做管理人员的人中，有 90%在这 8 年中未被提升，实证效度的正确率 90%。换句话说，80%—90%

诸葛亮九观
远使之而观其忠；
近使之而观其敬；
烦使之而观其能；
猝然问焉而观其知；
急与之期而观其信；
委之以财而观其仁；
告知以危而观其节；
醉之以酒而观其侧；
杂之以处而观其色
忠诚、恭敬、能力、智识、信誉、廉洁、节操、仪态、人际
有意疏远对方，考察他的忠诚度
与对方建立私交，观察其是否能保持应有的礼仪和尊敬
给对方安排很多有挑战的工作，观察他的工作能力
突然向对方提出其职责范围内事务，观察他的了解程度
我等的人还没来！
死也不能走！
仓促与对方约定时间，观察他的守信程度
安排对方管理财务，观察他是否廉洁
告知对方要做的事有危险，考察其节操
劝对方饮酒，待其醉后考察其仪态如何
让对方与各种人相处，考察其人际处理能力

图 1-6 诸葛亮九观

的人适宜干什么，AT&T 公司通过标准化的科学测评，8 年前就准确地预测到了。

AT&T 实验为人格测验的效度给出了有力的证据，证明了人才测评在人才选拔与任用中的科学性。[①]

（二）麦克利兰与 FISO 人才选拔

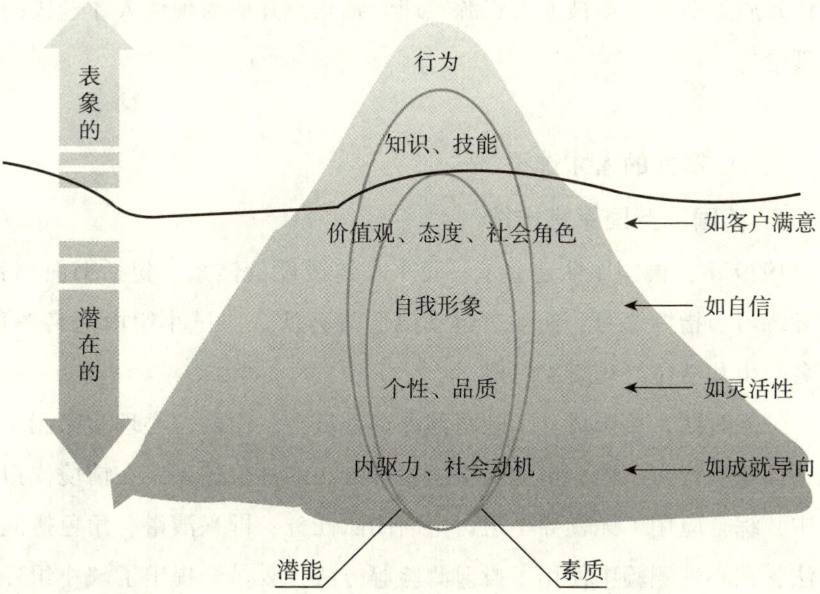

图 1-7　素质冰山模型

20 世纪 60 年代后期，以哈佛大学戴维·麦克利兰（David Mcclelland）教授为首的研究小组，经过大量的深入研究发现，传统的学术能力和知识技能测评并不能预示工作绩效的高低和个人生涯的成败，从根本上影响个人绩效的是诸如"成就动机""人际理解""团队影响力"等一些可称为素质的东西，并进一步将其明确定义为："能区分在特定的工作岗位和组织环境中绩效水平的个人特征。"1973 年，麦克利兰教授

① 肖计划：《发现优势，科学择业》，2016 年 3 月 21 日。

发表了题为《测量胜任力而非智力》的文章。

之后麦克利兰项目小组采用行为事件访谈法为美国政府甄选驻外联络官（Foreign Service Information Officers，简称FSIO），通过调查、访谈等一系列的研究，项目小组提出决定驻外联络官工作绩效，并不是之前的智力与知识的考试结果，而是几项核心素质，即跨文化的人际敏感性、对他人的积极期望和快速进入当地政治网络的能力。于是胜任力、胜任素质等概念迅速被人力资源经理们熟知，并成为现代人才选拔的基础理论之一。

（三）军方的人才选拔

1. 德国、英国军官选拔

1929年，德国军队建立了一套军官选拔评价体系，包括书面测验、任务练习、指挥练习、面谈、运动测验等方法。主试小组由两名军官、一名医生和三位心理学家组成。

二战时期，英国成立了陆军部评选委员会，由两位心理学家制定了包括面谈、智力测验、情境模拟测验等方法的评价体系。在情境模拟测验中，综合应用了无领导小组讨论、团队任务、即兴演讲、角色扮演等方法，在心理测验中使用了投射测验等方法。委员会提出了“小组环境是评价领导才能的最好机会”，将领导定义为“有利于达成小组目标的能力”，提出领导才能包含所做贡献程度的大小、小组内聚力、稳定性等三个方面。

2. 航天员的选拔

1957年，苏联选拔了第一批航天员，从3000名候选对象中选出20人作为培训对象，最后选出6人成为第一批航天员。1959年年初，美国也开始从空军试飞员中挑选航天员。而我国第一批航天员的选拔工作是从1995年12月正式启动的，表1-2、图1-8是我国航天员选拔的一些情况。

表 1-2 航天员选拔标准及来源

最低标准	有坚定的意志、献身精神和良好的相容性，身高 160—172 厘米，体重 55—70 公斤，年龄 25—35 岁，歼击机、强击机飞行员，累计飞行 600 小时以上，大专以上学历，飞行成绩优良，无等级事故，无烟酒瘾，最近 3 年体检均为甲类。五官端正，语言清晰，无严重地方口音，无药瘾、酒瘾、烟瘾，不偏食，易入睡，不能有痤疮、腋臭，睡觉打呼噜也不行
选拔来源	空军歼击机、强击机飞行员
来源原因	飞行员有着冷静的头脑和出色的危机处理能力，能够习惯高低气压迅速变化带来的不适，在承受数倍体重的载荷情况下仍能对飞机上数百个复杂仪器电门进行正确的操作处理

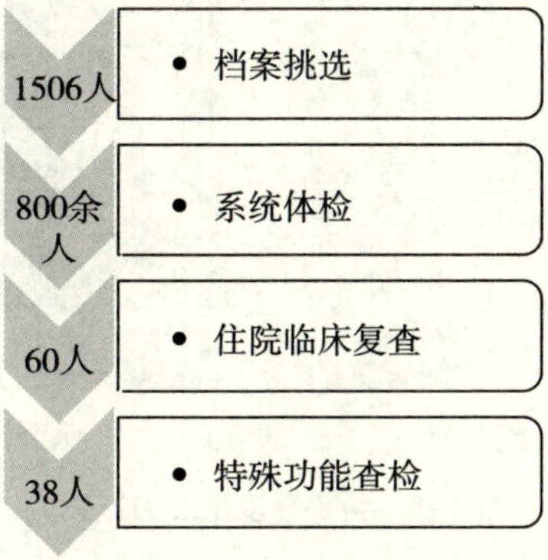

图 1-8 航天员选拔程序

所谓“特检”，即特殊功能检查，也就是航天员生理功能检查——受试者在离心机上飞速旋转，测试胸背向、头盆向的各种超重耐力；在低压试验舱经受 5000 米、1 万米高空环境的考验，测试耐低氧能力；在旋转座椅和秋千上检查前庭功能；进行下体负压和头倒位等各种耐力测试以及超常规的心理检查等。[①]（如图 1-9 所示）

① “中国载人航天第一批航天员如何选拔”，《徐州日报》，2009 年 2 月 1 日。

前庭系统检查

噪声敏感检查

低压和缺氧耐受能力测试

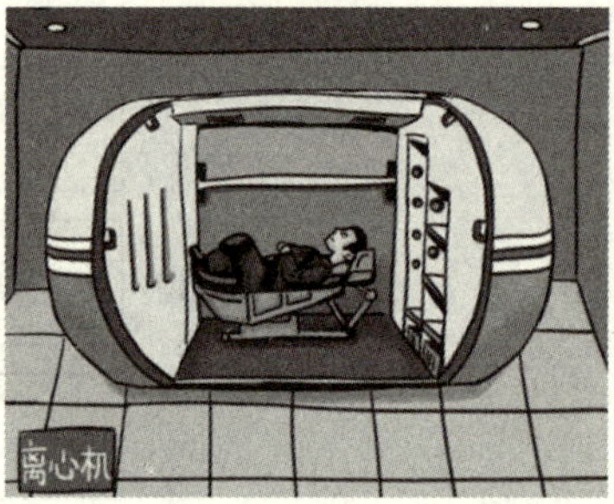

承受过载能力测试

图 1-9　特殊环境适应力选拔①

三、近代中国人员素质测评与选拔

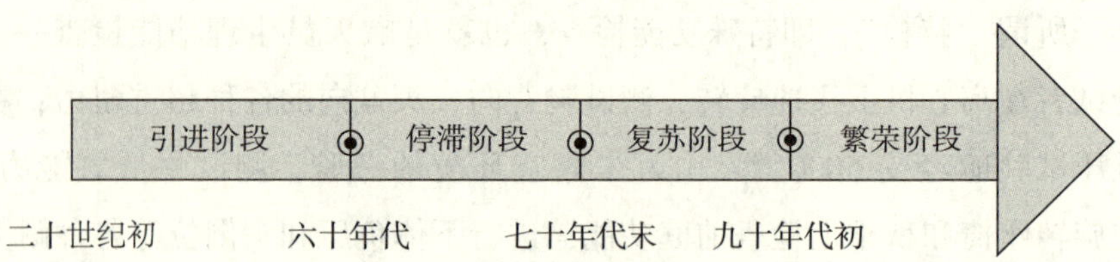

图 1-10　近代中国人员素质测评与选拔

① 李子杰、连芝萱、樊晨:《“一言不合”就上天？航天员选拔都经历了啥》，中国军网，2016 年 10 月 18 日。

（一）引进阶段

20世纪初，蔡元培先生师从冯特学习心理学归国后，支持陈大齐先生建立了中国第一个心理学实验室。心理学作为一门科学自此在中国开端，与此同时，心理测评也在不断发展，引进并修订了一些国外优秀的心理测量量表，修订之后的量表已经比较成熟，并初步将心理测量应用于一些职业介绍所。

表 1-3　引进阶段事件表

时间	人物	事件
1916 年	樊炳清	介绍“比奈-西蒙智力测验”
1918 年	俞子夷	编制“小学生毛笔书法量表”
1921 年	廖世承、陈鹤琴	正式出版《智力测验法》
1922 年	费培杰	比奈量表译成中文，在江苏、浙江进行测试
1924 年	陆志韦	发表《订正比奈-西蒙智力测验说明书》

（二）停滞阶段

“文化大革命”期间，停滞。

（三）复苏阶段

1979 年，吴天敏教授开始进行第三次修订比奈量表的工作，并于 1982 年发表了测验的第三版；1980 年 5 月，中国心理学会心理学专业委员会在武汉召开全国心理测验研究协会会议；龚耀先等主持修订了韦氏成人智力量表以及韦氏学前和学龄初期儿童智力量表；林传鼎、张厚粲等主持修订韦氏儿童智力量表。在人格测验方面，宋维真等修订艾森克人格问卷。同一时期，人力资源管理作为一门重要学科，也开始飞速发展，心理学与人力资源管理的融合最重要的表现就是招聘甄选工作。

（四）繁荣阶段

20 世纪 90 年代初至今，航天员的选拔中使用了评价中心技术，公务员的选拔测评使人才素质测评的研究呈现体系化的特点。各种企事业单位开始运用现代人才测评的方法甄选人才。2005 年前后，众多央企、金融机构开始引入现代人才测评的方法甄选人才。过去十几年来，人才素质测评的发展与应用，不仅改变了甄选人才的方法，也使得众多企事业单位、金融机构的录用人才的范围变得愈加广泛。人才测评的工作体系化与科学化在社会人力资源配置层面起到了积极的作用。[①] 人才测评作为人力资源管理的第一个重要环节，从心理学、管理学、人力管理、计算机科学等多个学科中不断汲取技术、手段方式、思路，内容越来越丰富，方式方法也越来越多样。

① 萧鸣政:《人员测评与选拔》，复旦大学出版社，2003 年 1 月。

第二章

工作分析与胜任素质模型构建

故善用兵者以形固。夫能以形固，则力有馀矣。

——苏洵，《心术》

如前所述，自麦克利兰提出“胜任素质”一词后，胜任素质就成为人力资源管理中最重要的一个词，而胜任素质模型的构建亦成为整个招聘体系构建的基础。下面，有个小故事，让我们理解一下胜任素质的重要性（如图 2-1 所示）。

阿帕兹的故事看似荒诞无厘头，却是我们身边真实而且在不断发生的事情。当我们十拿九稳地说“我看人很准”时，你用来“看人”的标准也许是荒诞不经的。构建科学的胜任素质模型是人才选拔的重要工作。没有胜任素质的招聘甄选就是在沙地上盖房子，没有基础。人力资源经理都知道，工作分析是人力资源管理环节的第一步，也是人力资源各项活动的基础。工作分析过程亦成为胜任素质模型构建的重要信息来源。

一、工作分析

“这是一个变革的时代”，这句话在无数人的嘴边挂了有些年头了。从麦克利兰提出胜任素质模型，到这一概念在各个企业间的应用，这个时间并不长，甚至大多数的教材还未收录，但没有哪个教人力资源管理的老师的 PPT 上没有冰山模型，没有胜任素质。到今天，大数据、物联网、车联网、VR（虚拟现实）、人工智能，这些词可能从提出到变成我们手边的应用，仅仅是三年、两年、一年甚至更短的时间。工作亦是如此，不论是设备、工具、服务，还是意识、文化、生活方式，都在发生着飞速的变革。这些变革，对人力资源经理提出了非常巨大的挑战，对工作分析也提出了更多的要求。笔者选择了几种操作性与实用性较好，能更快捷得到结果的方法进行介绍。

×××公司
我叫阿帕兹，
人称APZ（矮胖子）
但是我能干！
能干！能干！
爱笑、勤奋，
大家都喜欢，
大神级别处
理问题的能力
五年后
一点点工资
无穷的选择
……
创业
大公司的OFFER
不要走啊！
我要辞职！
一年了，
回去看看大家吧
小张，叫你呢！
APZ
小丁，那个
还没弄完吗？
阿帕兹
×××公司新招员工
原来，自阿帕兹离开公司后，
新招来的员工全是矮胖子，
但工作绩效完全不是一个
水平啊！

图 2-1 APZ 的故事

（一）工作分析的概念与意义

在整个人力资源工作流程中，工作分析是第一要做的事情。工作分析是指对某特定的工作做出明确的规定，并确定完成这一工作所需要的知识技能等资格条件的过程。工作分析的最终成果是工作说明书。工作说明书是以标准的格式对岗位的工作特征及任职者的资格条件进行规范化的描述性文件。[①] 工作分析是人力资源管理各个模块的基础工作，工作说明书是人力资源工作的基础文档。

（二）工作分析的步骤与方法

1. 人力资源盘点

人力资源盘点是对现有的人力资源数量、质量、结构进行核查的过程。在做人力资源盘点的过程中，有两种方式：一种是员工个人层面的，即对每一名员工的情况进行登记，从基层逐级往上，做出整体的数量、质量、结构及变化趋势的分析。另一种则是从组织层面，从组织结构图的绘制，从上而下，将各部门、各层级的人员从数量上一一对应，按部门、按岗位进行一览与分析。

工作步骤如下：

（1）设计或查阅员工登记表

相比于10年前，人力资源管理工作在企业内被重视的程度已经发生了天翻地覆的变化，所以，做人力资源盘点时，一定不能忽略企业现有的HR文档。确实没有时，应尽快设计。

（2）开展员工现状调查

对员工的数量、结构、满意度、职业发展意愿等情况进行调查与分析，可以采用定量的问卷调查法、焦点访谈法、座谈会等方式。定量研究要科学设置问卷，科学抽样，规模较小的企业可以全员参与定量调查。最后，要对调查问卷进行统计分析。定性研究无论采取何种方法，一定要是结构化的，即要事前有提纲，访谈过程合理主持、合理记录，最后

---

① 姚月娟：《工作分析与应用》，东北财经大学出版社，2007年11月。

做好内容分析。

（3）绘制组织结构图，按部门进行盘点（以下是某银行人力资源盘点示例）

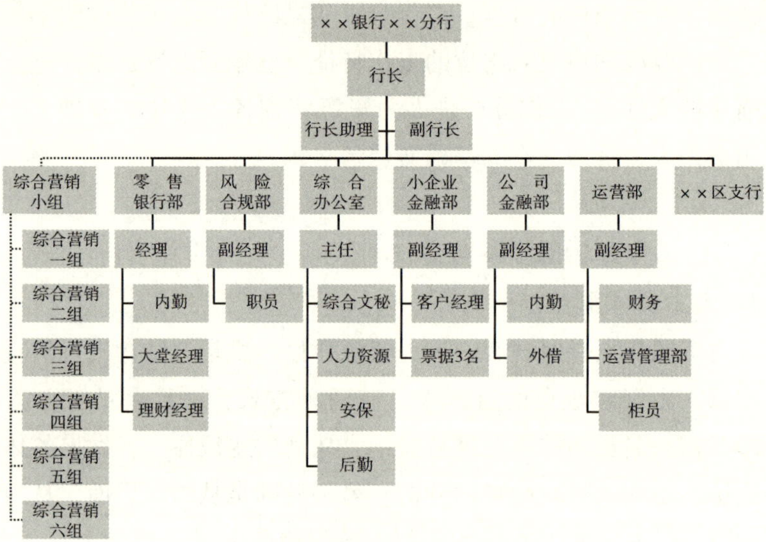

图 2-2 某银行分行人力资源盘点

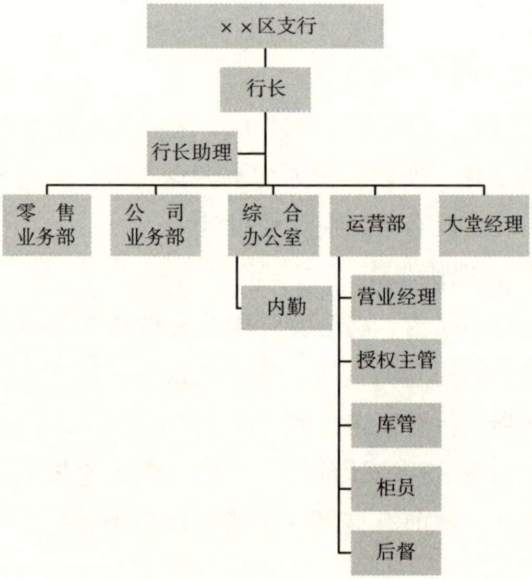

图 2-3 某银行支行人力资源盘点

表 2-1　某银行分行人力资源盘点

	部门	职位编号	职位名称	目前职位人数	人员姓名
×××银行×××分行	分行总部	001	行长	1	×××
		002	行长助理	1	×××
		003	副行长	1	×××
		人数合计：3 人			
	综合办公室	1-001	主任	1	×××
		1-002	综合文秘	1	×××
		1-003	人力资源	1	×××
		1-004	安保	1	×××
		1-005	后勤	1	×××
		人数合计：5			
	风险合规部	2-001	副经理	1	×××
		2-002	职员	2	×××、×××
		人数合计：3			
	零售银行部	3-001	经理	1	×××
		3-002	内勤	1	×××
		3-003	大堂经理	2	×××、×××
		3-004	理财经理	2	×××、×××
		人数合计：6			
	小企业金融部	4-001	副经理	1	×××
		4-002	客户经理	3	×××
		4-003	票据	3	×××
		人数合计：7			
	公司金融部	5-001	副经理	1	×××
		5-002	内勤	1	×××
		5-003	外借	2	×××、×××
		人数合计：4			
	运营部	6-001	副经理	1	×××
		6-002	财务	2	×××
		6-003	运营管理部	2	×××
		6-004	柜员	11	×××
		人数合计：16			

（续表）

	部门	职位编号	职位名称	目前职位人数	人员姓名
×××区支行	支行总部	7-001	行长	1	×××
		7-002	行长助理	1	×××
	运营部	7-1-001		10	×××等
	综合部	7-2-001		2	
	公司部	7-3-001		4	×××、×××等
	零售部	7-4-001		5	
	大堂经理	7-5-001		2	×××等
	人数合计：25				

2. 对工作情况进行调研分析（见表 2-2）

表 2-2 工作分析的技术①

技术	针对的员工群体	收集资料的方式	分析的结果	说明
①任务清单分析	任意员工——需要大量的员工	问卷	任务评估	由在任员工、直线主管或工作分析专家对任务进行评估。评估包括任务重要性和完成任务所需时间之类的工作特征
②关键事件技术	任意员工	面谈	行为描述	为工作各个维度建立代表从低到高不同水平的行为事件
③职位分析问卷	任意员工	问卷	194 个工作要素的评级	将这些工作要素分为六大项（例如运用的范围、对工作的重要性等）进行评级。然后通过电脑对这些评级进行分析

① 路易斯·R. 戈梅斯-梅西亚、戴维·B. 鲍尔金、罗伯特·L. 卡迪著，张正堂、蒋建武、刘宁译：《人力资源管理》，北京大学出版社，2011 年 6 月。

（续表）

技术	针对的员工群体	收集资料的方式	分析的结果	说明
④功能性的工作分析	任意员工	集体面谈/问卷	评估在任员工与其他人、资料和事务的关系	起初的设计是为在当地政府职业介绍办公室登记的人，改善其咨询和安置状况。这种方法首先对任务进行详细的说明，然后由在任员工就各项任务的频率和重要性等维度进行评级
⑤方法分析（动作研究）	制造部门员工	观察	单位工作所需时间	是判断各种工作所需标准时间的系统方法。以观察和对工作任务时间的测量为基础
⑥指导原则导向的工作	任意员工	面谈	所需的技术和知识	确定完成工作所需的职责、知识、技术、体能和其他特征
⑦管理职位描述问卷（MPDQ）	管理层	问卷	197 项清单	经理对描述其职责的清单进行评级

（1）任务清单分析

任务清单分析系统（Task Inventory Analysis）是由美国空军人力资源研究室的 Raymond E. Christa 及其助手开发的一种工作分析工具，包括信息收集系统和数据处理软件程序系统。系统利用高度结构化的问卷，列出某个职位所有可能的工作任务，然后让被调查者从完成该工作所花的时间和任务的重要性两个方面进行评价，选出合适的选项，从而获得相关的信息，然后将所获得信息输入计算机，利用专用的分析程序，可对这些相关信息进行分析处理。①

① 惠青山、凌文辁、何花："任务清单分析法的变通之道"，《中国人力资源开发》，2008 年第 2 期。

(2) 工作日志法

工作日志法，是由任职者按时间顺序，详细记录自己在一段时间内的工作内容与工作过程，经过归纳、分析，达到工作分析的目的的一种工作分析方法。

表 2-3 某公司员工工作日志

姓名：					
年龄：					
岗位名称：					
所属部门：					
直接上级：					
从事本业务工龄：					
填写日期：4 月 29 日 工作开始时间 8：30 工作结束时间 17：30					
序号	工作活动名称	工作活动内容	工作活动结果	时间消耗	备注
1	复印	协议文件	4 页	6 分钟	存档
2	起草公文	贸易代理委托书	8 页	75 分钟	报上级审批
3	贸易洽谈	玩具出口	1 次	40 分钟	承办
4	布置工作	对日出口业务	1 次	20 分钟	指示
5	会议	讨论东欧贸易	1 次	90 分钟	参与
6	请示	贷款数额	1 次	20 分钟	报批

(3) 工作说明书

工作分析的结果就是形成岗位的工作说明书，笔者选取较全面的、较常用的一种工作说明书展示如下，亦可通过该岗位说明书的内容来了解工作分析收集信息的部分是否完整，如果获得的信息不足以填写下表，应进一步调查、观察、记录、分析，直至将说明书内容填写完整。

表 2-4　工作说明书

<table>
<tr><td colspan="5">文件编号＿＿＿＿＿＿＿＿　　拟　　制＿＿＿＿＿＿＿＿</td></tr>
<tr><td colspan="5">核　　准　　生效日期＿＿＿＿＿＿＿＿</td></tr>
<tr><td colspan="2">岗位名称</td><td></td><td>岗位编号</td><td></td></tr>
<tr><td colspan="2">所在部门</td><td></td><td>岗位定员</td><td></td></tr>
<tr><td colspan="2">直接上级</td><td></td><td>工资等级</td><td></td></tr>
<tr><td colspan="2">直接下级</td><td></td><td>薪酬类型</td><td></td></tr>
<tr><td colspan="2">所辖人员</td><td></td><td>岗位分析日期</td><td></td></tr>
<tr><td colspan="5">本职：</td></tr>
<tr><td colspan="5">职责与工作任务：</td></tr>
<tr><td rowspan="6">职责一</td><td>职责表述</td><td colspan="3"></td></tr>
<tr><td rowspan="5">工作任务</td><td colspan="3"></td></tr>
<tr><td colspan="3"></td></tr>
<tr><td colspan="3"></td></tr>
<tr><td colspan="3"></td></tr>
<tr><td colspan="3"></td></tr>
<tr><td rowspan="6">职责二</td><td>职责表述</td><td colspan="3"></td></tr>
<tr><td rowspan="5">工作任务</td><td colspan="3"></td></tr>
<tr><td colspan="3"></td></tr>
<tr><td colspan="3"></td></tr>
<tr><td colspan="3"></td></tr>
<tr><td colspan="3"></td></tr>
<tr><td rowspan="6">职责三</td><td>职责表述</td><td colspan="3"></td></tr>
<tr><td rowspan="5">工作任务</td><td colspan="3"></td></tr>
<tr><td colspan="3"></td></tr>
<tr><td colspan="3"></td></tr>
<tr><td colspan="3"></td></tr>
<tr><td colspan="3"></td></tr>
</table>

（续表）

权力（业务权限、人事权限、财务权限等方面）：		
工作协作关系：		
内部协调关系		
外部协调关系		
任职资格：		
教育水平		
专业		
培训经历		
经验		
基本知识		
专业知识	了解级	
	熟悉级	
	掌握级	
	精通级	
	权威级	
技能技巧	外语	
	计算机	
	其他	
个人素质		
使用工具/设备		
工作环境		
工作时间特征		
所需记录文档		
考核指标：		
备注：		

二、胜任素质维度提取的方法

在上文工作分析的介绍中，有一些方法已经介绍过了，在这里重点介绍几种方式帮助我们进一步提取胜任素质。

（一）行为事件访谈

1. 行为事件访谈的含义及目的

行为事件访谈法（Behavioral Event Interview，简称 BEI）是一种基于已发生的关键事件以及事件中采取的行为的访谈方法，是胜任能力素质模型建立的一项核心技术，是最常用、比较有效、比较可靠的途径和手段。

行为事件访谈法，在百度百科上的概念是：BEI 是一种开放式的行为回顾式探索技术，是揭示胜任特征的主要工具。这是一种结合 John C. Flanagan 的关键事例法（Critical Incident Technique，简称 CIT）与主题统觉测验（Thematic Apperception Test，简称 TAT）的访谈方式，主要的过程是请受访者回忆过去半年（或一年）他在工作上感到最具有成就感（或挫折感）的关键事例，其中包括：

（1）情境的描述；

（2）有哪些人参与；

（3）实际采取了哪些行为；

（4）个人有何感觉；

（5）结果如何，亦即被访者必须回忆并陈述一个完整的故事。

BEI 访谈过程中要求被访者陈述 3 个左右在过去一段时间内本人经历的代表性事件，并通过一系列的问题收集被访者在这些代表性事件中的具体行为和心理活动的详细信息。通过对所收集信息的对比分析，寻找出绩效优秀者普遍具备的个人特质和行为能力，从而为胜任能力素质模型的建立提供依据。

2. 行为事件访谈的组织形式

（1）BEI 的访问者必须经过专门训练。

（2）BEI 的被访者应是该岗位在过去一段时间（1—2 年）内绩效表现优秀的员工。如有条件，可建立对照组访谈，即对绩效表现较差的员工进行与绩效优秀者相同条件下（相同提纲、相同主持人、相同访谈环境）的访谈。

（3）访谈主持人与被访者在事先约定的时间、地点进行单独面谈。

（4）BEI 访谈的时间应控制在每位被访者 30 分钟至 1 小时之间。

（5）BEI 访谈通常要求录音，应提前准备录音设备，事后根据录音进行整理、分析，寻找绩效优秀者普遍具备的胜任能力素质。

（6）BEI 访谈应提前准备《访谈人手册》、《访谈提纲》（访问者注意事项及访谈质量记录评估表格）。

3. BEI 的实际操作

笔者以一次 BEI 访谈为例论述一下实际操作过程。

首先界定我们访谈的目的，在两个技能提升评价的项目中，我们要做胜任素质模型的构建。在 2015 年的时候，我们曾经对相关的关键岗位进行了这项工作，所以在这里，我们的 BEI 的目的，就仅限于对培训过程的研究。

我们选取 BEI 的原因，一是由于我公司的咨询师助理和调查员都受过相关的培训与训练，他们在日常工作中经常要用到 BEI 进行胜任素质分析（对于他们来说，在胜任素质分析中的难点是区分高、低绩效表现者，而在上述的访谈中这方面要求反而要小一些），同时，近几年的各种面试组织的过程中，他们对于 BEI 在面试中的应用也十分熟悉。二是因为在常年的咨询工作中，BEI 作为一种非常有用的工具，有效性能够明显地区别于普通访谈。

访谈前准备《访谈人手册》《访谈提纲》。前者包括指导语、过程和提纲、注意事项、访谈评估表，用于访谈者的指导、规范、记录及评估；而后者则提供给被访者进行访谈前的准备。不单纯地强调访问者的水平，而是更进一步地规范访谈流程，我们认为这样更能提高效率。

在结果的应用上，我们根据录音对访谈中出现的所有对话都进行了文字的录入，逐句进行分析，将关键事件及提到的事例都整理出来，将其中涉及的培训的目的、过程、师资、教学内容及时长、评价、今后的期望等内容逐项列出，对于提到的频次等也做了记录。

4. BEI 实施中的注意事项

（1）避免被访者进入理论化或泛泛的陈述中

发现这样的情况时，应礼貌地打断对方，使其谈话回到具体事件访谈中。当询问意图问题后，跟进一个问题："你实际上做了什么？整个计划中，什么是特别重要的步骤？有哪些是你最难忘的事情？"

（2）避免使用现在式和未来式的问法

"在这样的情况下，你会做什么？""下一次，你将会怎么做？"等，这些现在式和未来式的问法容易导致假设性的答案。

（3）避免使用假设性问题

如"你当时觉得该如何去做？"这样问，对方会回答他当时想采取的措施，而未必就是实际采取的措施，正确的问法是："你当时做了些什么？"

（4）避免问一般性问题

"你通常会如何做？""通常"两个字会把他带入一般性的或理论性的做法，应采用这样的提问："当时情况下你做了什么？"

（5）避免使用引导型问题或直接跳向事件结论

"这种情况下你尝试去说服他吗？""关于用人方面你能谈谈吗？""你经常培训下属吗？"

（6）不揣测和诱导被访谈者说的内容

客观的倾听与提问，不揣测和诱导被访谈者说的内容。

5. BEI 访谈过程中存在的问题探索

（1）目的需要进一步明确

我们试图让被访者叙述其在以往工作中发生的事件及感受，而在操作过程中，访问者受其他谈话习惯的影响，往往会偏离这一主题，进入泛化的、理论的探讨。要对访问者进行反复的培训、研讨、强调，访问者在追问的过程中才能紧扣主题。

（2）事件的挖掘

STAR 模型是反复需要向访问者强调，并不断训练的。同时，5W1H 方法也需要访问者掌握。还有“剥洋葱法”也是我们在访问前有所培训的。

① STAR 模型

S（Situation）

“那是一个怎么样的情境？什么样的因素导致这样的情境？在这个情境中有谁参与？”

T（Task）

“你面临的主要任务是什么？为了达到什么样的目标？”

A（Action）

“在那样的情境下，你当时心中的想法、感觉和想要采取的行为是什么？”

R（Result）

“最后的结果是什么？过程中又发生了什么？”

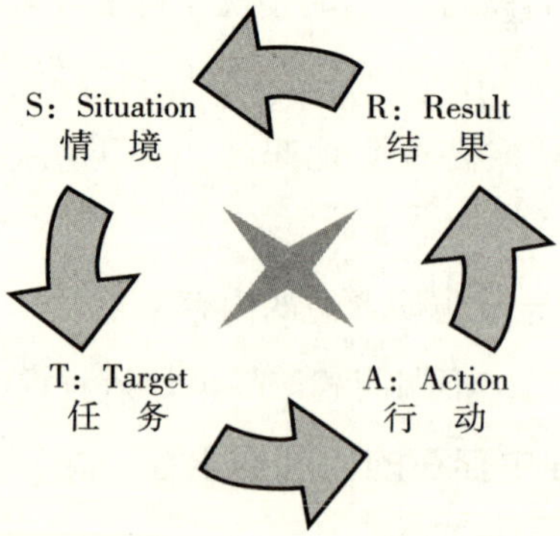

图 2-4 STAR 模型

② 5W1H 方法

Why——为什么干这件事？（目的）

What——怎么回事？（对象）

Where——在什么地方执行？（地点）

When——什么时间执行？什么时间完成？（时间）

Who——由谁执行？（人员）

How——怎样执行？采取哪些有效措施？（方法）

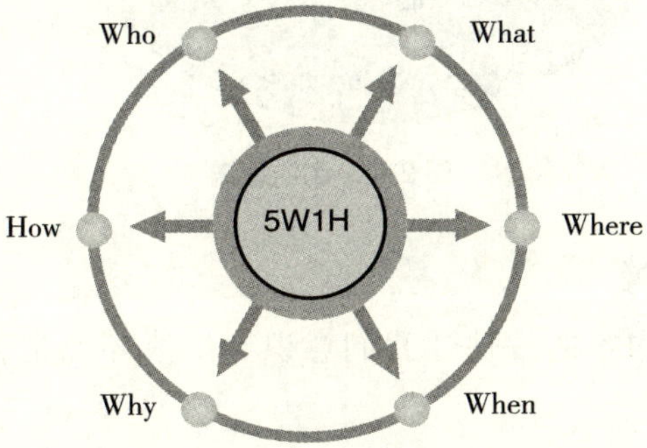

图 2-5　5W1H 方法

③ 剥洋葱法

洋葱模型把胜任素质由内到外概括为层层包裹的结构，最核心的是动机，然后向外依次展开为个性，自我形象与价值观、态度，知识、技能。越向外层，越易于培养和评价；越向内层，越难以评价和习得。

即便这样，访问者对于事件的挖掘有时仍然不尽如人意。对于关键事件不具备敏感性是一个重要的原因。而“敏感”“敏锐性”这一能力，取决于访问者本身的素质，需要长期的“习得”及丰富的经验。

而对 BEI 访谈结果的评估也使我们得出一个重要的结论：“对关键事件的敏锐把握”是 BEI 访谈者应具备的一项重要的“胜任特征”。

（3）结果的整理

“编码法”及“内容分析”是我们在结果整理过程中重点使用的方法，这也对我们的研究人员的基本能力提出了很大的挑战。

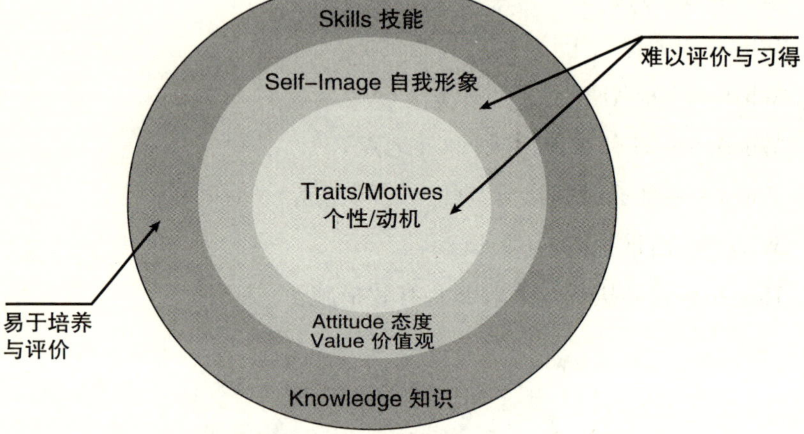

图 2-6 剥洋葱法

（4）访谈环境

访谈环境与内容的评估让我们意识到访谈环境是否不受干扰非常重要。

通过这些年的实践，我们发现被访者在自己的办公室内受访和在专门的访谈室中受访，内容有明显差异。结果显示在离开自己的熟悉环境后，被访者更容易进入角色，更容易摆脱“称许性”问题，更容易与访问者进行更深入的探讨。

6. BEI 访谈实录

BEI 访谈实录

访谈者：请你回想一下在过去的工作中，最具有挑战性而且完成最成功的两件事情。

被访者：我感觉一个最具挑战性的，可能就是 2013 年的时候。当时，我们有十个站的对调，一个星期就要完成一个站全部的对点，还要加上我们的校验，等于全站设备都要停一遍电。而且对应的点起码有几千个，快上万条的信息量，我觉得这是当时的挑战。

因为我刚当班长，班上除了我和另外一个人是工作时间比较长的，剩下都是新来一年的年轻人，我觉得任务完成得比较好，所以我认为这个可能是最具挑战性的，也比较成功。当年我也被评为劳模，这对我工作也是一个肯定，当年工作量大，我们站也比较远，人也比较少，我觉得这个比较满意。

访谈者：是所有你专业的人都有参与吗？

被访者：这基本上就是都在参与，一人管一部分，我觉得有挑战性就是因为当时班上的除了我和另外一个人，我们俩是从事这个专业时间比较长的了，剩下的都是刚参予进来这个工作，我觉得就全部停一遍，包括校验啥的，而且当时中间还发现了好多问题，我觉得做得还挺好的。

访谈者：那你能说说在这个过程中发现了什么问题？然后是怎么解决的？是解决成功了，还是怎么样？

被访者：因为我们在做那个备自投校验的时候，发现有几个实际运行的时候，当时可能是设备的原因，就是没办法解决，太专业了吧，反正就是发现有缺陷。

访谈者：设备上的缺陷？

被访者：设备上的缺陷。因为我们是实际做的，这个东西本身也可以开点，可以开入对信息，但是我们都是实际做的，把设备也筛查了一遍，筛查过程中就发现有两个这样的设备自投有问题，当时我们也是处理了，处理时有一个相对来说临时的措施，就是那个设备配合原因，也不是人为原因，我们已经处理了，而且有预案，现在也有方案，准备现在要改它，目前已经批准了，也报上去，现在批准了，有更好的方案，就是自己打草方案。

访谈者：那在2013年那会儿是先做的临时的一个？

被访者：也不是说是临时的，那个措施不影响运行，都是很正常的，就是现在想让它做得更好。

访谈者：有更好的办法？

被访者：嗯，就是想让它弄得更好一点，有更好的办法，现在也有方案，准备实行。

访谈者：就是去年？

被访者：今年方案已经批了，再改很难。

访谈者：那过程中与其他同事的配合过程是个什么样的情况呢？

被访者：配合过程，因为我们这个工作，你是指？你想问啥？说的哪方面？

访谈者：就是这个过程中，在与其他人的配合，或者说是其他人配合你的工作的时候有没有发生过一些什么问题？当时是怎么处理的？

被访者：当然也有啊，就是配合，开始因为这个对点工作不是我们自己完成，要跟调动部门，就是送点送到他们那里。我们等于给人家送信息要跟人家进行核对，要求送的信息我们必须送上去。当然，刚开始肯定也摩擦很多，那每天打一整天的电话，不停地在打电话，也就是因为可能上面的领导没有在现场，他可能不了解现场情况，老让我们给他解释这个原因啊，或者我们给他解释了他又不相信，老害怕没在现场我们会骗他，送他一个假信息，所以开始肯定也是有很多矛盾，电话里也吵架呢。后来我们自己也掌握了方法，就是沟通的时候如果你认为有问题，我们先停下不要耽误，因为这个供电时间是定的，一个礼拜要把全站停完，然后都要停了，因为停着电，如果你认为有问题可以把它暂时放下，就是你把它做，就是我们给你没做，你可以做记录，然后我们先给你做，先按顺序正常进行，把这个存疑放在最后。因为直接联系的人可能因为他的能力有限，跟他说他也不太懂，说了他也不太相信我们，我们就跟他们的专工沟通，因为他是比较清楚这个情况，然后就是这样。后来就是配合还是比较顺利的，我们中间开了很多协调会，就是中间一暂停就协调，把保护班跟那些原调动相关部门在一块协调，有什么问题会上就一块儿解决，所以后期就比较顺利，就开这个会也开了好多次，中间这个协调会三个部门就沟通协调，然后也开了好多会，最后就配合挺好，进展也比较顺利，这工作最后省公司也表彰了，就是完成比较好的，我们整个保护专业。

访谈者：这是属于对部门的表彰？

被访者：就是对专业，应该是我们专业吧，因为这个工作是专业的工作。

访谈者：那只是一个表彰吗？有没有就是其他方面的奖励？

被访者：你是指什么？

访谈者：比如说物质上的或者其他方面。

被访者：好像是有，因为可能也不是很多，因为参与人也比较多，好像是给保护专业，就是我们配合的专业可能都有奖励，就是倾向了可能保护专业。

访谈者：保护专业比较多一些？

被访者：相对来说，好像是有奖励的。

访谈者：有物质方面的奖励？

被访者：有奖励。

访谈者：那除了这件事情还有没有别的呀？

被访者：别的，现在我觉得好像也没有啥。因为人员流动特别大，我们人都需要一直长干，虽然我是班长，但是我经常担当工作负责人的角色，就是老是进新员工嘛，员工流动比较快，我觉得这也是一个挑战，就一直要培养新人，前一阵我们有专业不是竞聘那个技术员嘛，我们班上两个新来的都竞上了，所以我觉得这也是挺成功的。培养新人比较有挑战性，这么短期内他们两个都很优秀，我也很满意。

访谈者：那就是对新进员工的一个培养是吧？

被访者：嗯。

访谈者：你说的已经竞聘上技术员的这两位工作有多长时间了？

被访者：一个三年，一个两年。

访谈者：那在培养这两位新员工的过程中有没有发生一些事情，或者让你当时解决起来比较棘手的事情？

被访者：我感觉可能就是专业知识，你想他们才来嘛，当时他们本身也想学，我们班上也进行了几次讲课，就是让他们几个人轮流给大家讲课，讲完以后我们就补充，我们老师会去问他一些问题，然后最后还考了一下试。虽然说是不影响啥，但也是一人发张卷子，让他们都答了，把大概水平都看了一下，就回路图呀啥的。我感觉这种培训效果也挺好的，感觉就是起码对这种回路还重视，而且最后只要一考试甭管成绩怎么样，肯定也存在一个就是荣誉问题，所以我感觉这样劲头还挺大的，就是看书。反正我自己经常看书，我觉得还可以，自己还挺愿意自学的。

（二）团体焦点访谈

1. 团体焦点访谈的含义

团体焦点访谈（FGI）：收集信息常用的方法，通常选取同质（从事相同或相似的工作、或在同一工作单元、或相同职层等）的被试/参加者就某一问题（焦点）展开深入讨论。一般由8—12人组成，在主持人的引导下讨论特定的主题，主持人负责促进团队成员间的相互作用，并保证讨论一直集中在主题上。

2. 团体焦点访谈的组织形式

（1）FGI对主持人的要求要高于BEI。主持人在技巧上，可以借鉴贺琳博士及国内的“后现代三剑客”史占彪教授、骆宏院长和曾海波博士提出并推动的合作对话的方式。

（2）注意被访者的同质性，即基层员工访谈时，上级领导不要参加，专业跨度不要太大。

（3）FGI 访谈的时间应控制在每位被访者 120 分钟至 150 分钟之间。

（4）FGI 访谈通常要求录音，应提前准备录音设备，事后根据录音进行整理、分析，寻找绩效优秀者普遍具备的胜任能力素质。

（5）FGI 访谈应提前准备《访谈人手册》《访谈提纲》（访问者注意事项及访谈质量记录评估表格）。

3. 团体焦点访谈的实际操作

（1）在 FGI 访谈中，我们前期设计了访问提纲、主持人手册。

（2）在被访者样本的选取中，根据不同的访问主题，对不同岗位的人进行了分组，分别对技能人员、技术人员、专业管理人员、经营管理人员进行了访谈。

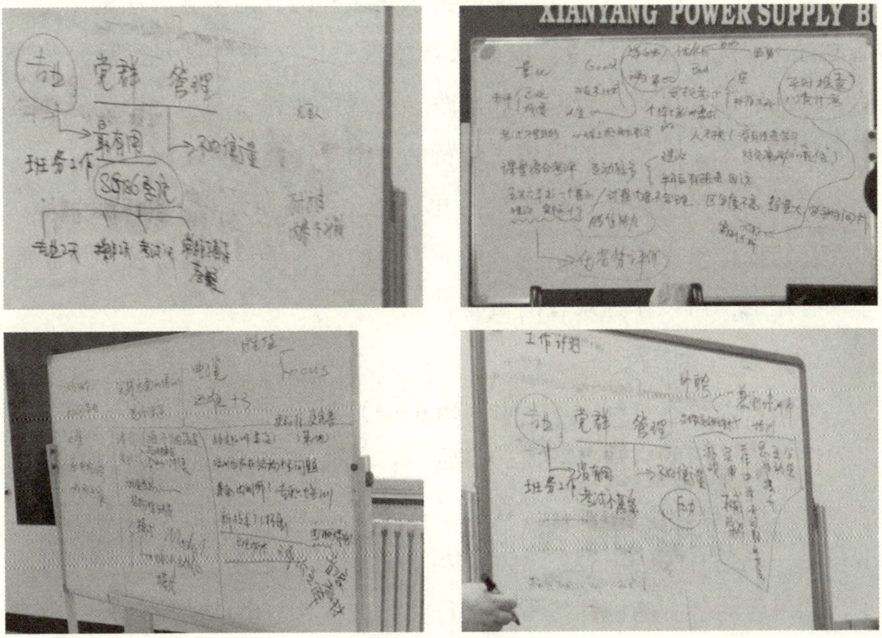

图 2-7 FGI 过程记录

（3）在访谈前，对主持人进行了严格的筛选和培训，要求主持人关注访谈过程中的“群体动力”，一定要保持中立，多做总结，不做引导。

（4）在访谈过程中我们严格控制时间，每次访谈根据访谈大纲的要求提前设定时间，120—150 分钟，并在访谈开始前提前告知，用倒计时软件进行显示。

（5）“留白”——在过程中留出空白的思考时间，也起到了一定的作用。

（6）主持人的文字性总结与记录。在 FGI 访谈过程中我们要求主持人通过文字总结记录发言。如图 2-7 所示是我们的过程记录。

4. 访谈结果的分析方法

（1）文字整理方法

虽然分析团体焦点访谈结果的技术是多样的，但多数方法的第一步都是对访谈进行文字整理。根据录音整理后的文字材料并不总是完整的，但此时不要试图进行补充和修改，应尽可能保持原貌，因为其中的不完整的句子、不清楚的思想、奇特的短语等都能表达一定的意义，都能说明被访谈者在访谈过程中的所思、所想及对所谈论的问题的态度。另外，访谈记录中所记被访谈者的非言语沟通、手势、行为反应等也是非常有用的，可以作为录音的重要补充。

（2）剪贴分类技术

剪贴分类技术（cut-and-sort technique）是一种分析团体焦点访谈结果的快速、简捷的方法。其实施步骤是：①通读整理好的文字材料并确定与研究问题有关的部分；②在此基础上形成主要论题的分类系统并找出与每一论题有关的内容；③对材料中说明不同论题的内容进行编码；④将编码后的部分剪掉并按编码进行归类，这些分类后的材料是进行分析和撰写总结报告的基础。

（3）内容分析方法

内容分析（content analysis）是一系列分析团体焦点访谈内容、发现其意义和独特内涵的方法和技术的总称。克里彭多夫（Krippendorf, 1980）给内容分析下的定义是："根据数据对有关内容做出可重复和有效推论的研究技术。"杰尼斯（Janis）则认为，内容分析是"一种对符号-工具（sign-vehicle）（有意义的标示，如单词、手势、面部表情等）进行分类的技术。这种分类以一个或一组分析者的判断为基础并假设分析者的判断是科学观察者的报告"。

杰尼斯根据调查目的分出三种内容分析：①实用内容分析（Pragatical content analysis），根据可能原因和结果对材料内容进行分类；②语义内容分析（Semantical content analysis），根据含义对材料内容进行分类；③符号—工具内容分析（Sign-vehicle cantent analysis），根据心理物理特征对材料内容进行分类。[①]

5. FGI 访谈过程中存在的问题探索

（1）在对 BEI 访谈及 FGI 访谈的结果进行录入时我们发现，FGI 访谈的结果更加深入，内容也更加丰富，充分体现了群体动力的作用。

（2）严格控制时间往往会促使大家更好地、更有条理地发言。尤其是在每次访谈快要结束的时候，因为严格控制时间，急于表达的被访者给出了大量的更加真实的信息。

（3）FGI 访谈的前半部分往往有很严重的称许性问题，在我们这次所进行的 8 次 FGI 访谈中，所有的 FGI 访谈前三分之一的部分均没有批评性的词语，基本上都是"官方语言"，所以 FGI 访谈的后半部分内容更为重要、更为真实。

6. FGI 访谈后评估

（1）主持人的能力水平是 FGI 访谈成功的关键。

---

① 时雨、仲理峰、时勘："团体焦点访谈方法简介"，《中国人力资源开发》，2003 年第 1 期。

(2) FGI的灵活性决定着可以有更多的新技术可以引入，关键是一定要围绕“焦点”进行讨论。

7. FGI优缺点分析

FGI访谈的优点是能够较快地从一组人中获取信息；可以通过群体动力进一步激发团队创造力，并通过互相影响深入讨论进程；形式灵活；结果易于理解。

FGI访谈的缺点是容易产生“称许性”问题；在互动中如果主持人过于强调引导功能，则可能影响讨论方向，使讨论结果不够客观；定性的访谈研究在结果处理上难度很大。

三、胜任素质模型构建

(一) 胜任素质模型构建的注意事项

调查结束后，应根据企业、岗位的实际情况构建胜任素质模型。具体应考虑以下几点：

1. 注重企业文化导向，与企业战略相匹配。

2. 胜任素质模型内容要从调研中来、从实际岗位需求中来，不要从经验推出来，也不要凭感觉得出来。

3. 每个岗位的胜任要素要典型，不要过多。

4. 胜任素质模型是招聘、培训、考评等工作的基础，一定要真实，不要抄来、拿来、编纂。

(二) 两个胜任素质模型构建的例子

1. 孟繁等人提出工程技术人员职业能力标准的钻石模型并给出了具体的能力构成要素，详见表2-5。[①]

① 孟繁、谢联瑞、何向彤、钱辉：《工程技术人员的职业能力构成与标准探索》，高等工程教育研究，2012年第3期。

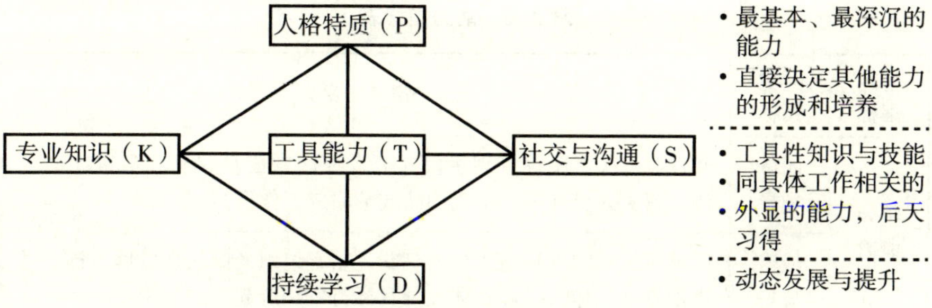

图 2-8　工程技术人员职业能力标准的钻石模型（P-KTS-D 模型）

表 2-5　工程技术人员钻石模型的能力构成要素

能力纬度	构成要素
人格特质（P）	责任心、毅力、正直诚实、自律能力、道德伦理、理性
专业知识（K）	专业基础知识；工程推理、系统思考等专业基础能力；现场管理、项目管理、质量控制、市场调研等能力
工具运用（T）	读、写、听、说等运用基本沟通工具的能力；检索、评价和运用信息的能力；运用统计工具，分析、思考、解决问题的能力；统筹人、财、物等资源的能力；制定明确目标和计划的能力
社交与沟通（S）	人际沟通、和谐相处、团队合作、适应能力
学习能力（D）	制定学习规划、快速学习能力、终身学习意愿

2. 端若对电力行业某公司班长进行定量调查、BEI 访谈、FGI 访谈，根据调查结果，结合该岗位说明书，构建胜任素质模型如图 2-9 所示。

四、简易能力指标表

为了方便大家进行胜任素质模型构建，友情提供的简易能力指标表见表 2-6：

表 2-6 能力指标表

一级指标	二级指标	定义
领导能力	团队领导	通过授权、激励等管理手段充分发挥团队成员优势，促进团队合作，解决人员冲突，带领团队成员完成工作目标
	战略规划	通过对组织内外环境的分析判断，制定组织的中长期发展目标，并能把具体工作安排和整体发展目标有效结合起来的能力
管理能力	计划执行	工作中能够迅速理解上级意图，形成目标并制定出具体可操作的行动方案，通过有效组织各类资源和对任务优先顺序的安排，保证计划的高效、顺利实施，并努力完成工作目标的能力
	决策能力	通过对多个可行方案进行分析和判断，挑选出最适当的方案及实施时机，并能够勇于承担风险，做出有利于推进工作的明晰决定的能力
	培养指导	有培养他人的意愿，通过关注下属的潜能与可塑性，为下属的工作提供正确的指导，必要的支持，通过与下属分享经验、评价反馈等方法提高其工作绩效的能力
	影响能力	运用数据、事实等直接影响手段，或通过人际关系、个人魅力等间接策略来影响他人，使其接受自己的观点或使其产生预想行为的能力
	组织协调	根据工作目标的需要，合理配置相关资源，协调各方面关系、调动各方面的积极性，并及时处理和解决目标实现过程中各种问题的能力
专业素质	成本意识	在保证正常工作状态和产品质量的前提下，通过控制成本、增加产出、优化流程等手段，使利润最大化
	客户导向	能够关注外部客户不断变化的需求，竭尽全力帮助和服务客户，为客户创造价值
	专业性	由内在的专业导向或者价值导向引起的一系列行为。在内心中将自己看成是某个领域的专家形象，主动提供专业级的技术支持和指导

（续表）

一级指标	二级指标	定　义
思维能力	创新能力	关注身边的新技术、新方法和新事物，挑战传统的工作方式，推陈出新，在服务、技术、产品和管理等方面追求卓越，进行突破性创新的行为特征
	分析式思维	通过把整体分解为部分来认识事物的能力，即对问题进行逐步推进式的分析，进行前因后果的线性分析的能力
	归纳思维	由部分结合形成整体来认识事物的能力，在面对复杂的问题或现象时，能够发现和掌握关键问题所在，或者是能够创造性地分析问题
	信息收集	根据工作的需要，不局限于眼前现有的资料，主动花费力气通过各种方法收集各类相关信息的能力
	学习领悟	通过个人有计划的学习和实践，增加学识、提高技能，并把它应用到日常工作中以提高个人和组织绩效
个人特质	成就动机	指个人有强烈的追求工作成功的愿望，不断设定挑战性的目标挑战自我，关注自身职业生涯的发展，追求事业的成功和卓越
	沟通能力	针对一定的受众对象，通过倾听、清晰表达自己的意见，公开进行反馈，与他人进行信息传递的能力
	关注细节	为了保证在工作中不出现错误或失误，而对自己和他人的工作进行反复地监督和检查的能力
	积极主动	在工作中自觉地付出超乎工作预期和原有需要层级的努力，在没有他人鼓励的情况下善于发现和创造新的机会，提前预计到事情可能的障碍，并有计划地采取行动避免问题的发生，提高工作绩效的能力
	坚持不懈	指个人坚定不移地沿着既定的目标前进并持续关注目标，即使处于艰苦或不利的情况下，也能克服外部和自身的困难，坚持实现目标
	灵活性	随机应变，在工作及周围的环境发生变化时，能依照情况需求改变自己的工作方法或处事方式，并在组织或工作要求上有所改变或能容易接受改变

（续表）

一级指标	二级指标	定　义
个人特质	人际交往	与可能有助于完成工作相关目标的人，建立或维持友善、和谐关系的能力
	自控能力	在面对他人的反对、敌意、挑衅和压力环境下，能够保持冷静，控制负面情绪和消极行为，继续完成工作任务的能力
	自信心	相信自己有能力或采用某种有效手段完成某项任务、处理困难情境或解决问题的信念
态度和品质	诚信正直	能依据事物原本的情况处理组织中的事务，不受个人利益、好恶的影响，信守承诺，正确对待自己的错误
	敬业精神	具有使命感，热爱工作，认可自己的工作职责，可以全身心投入到工作中去，尽心尽力采取行动去完成工作任务
	全局观念	开展工作或进行决策时，能够考虑他人、其他部门或公司整体的情况，从组织的整体或长远利益出发，顾全大局，为了整体利益能够牺牲局部利益或个人利益
	团队合作	作为团队的一员，在团队中主动征求他人意见，与他人互享信息，互相鼓励，为了团队共同的目标与大家通力合作完成任务的能力
	责任心	认可自己的工作职责，认真地采取行动去完成这些职责，并自发自觉地承担工作后果
	组织承诺	个体有能力和意愿使自己的行为与组织的需求、目标等保持一致，并在行动上协助达成组织的目标或符合组织需求

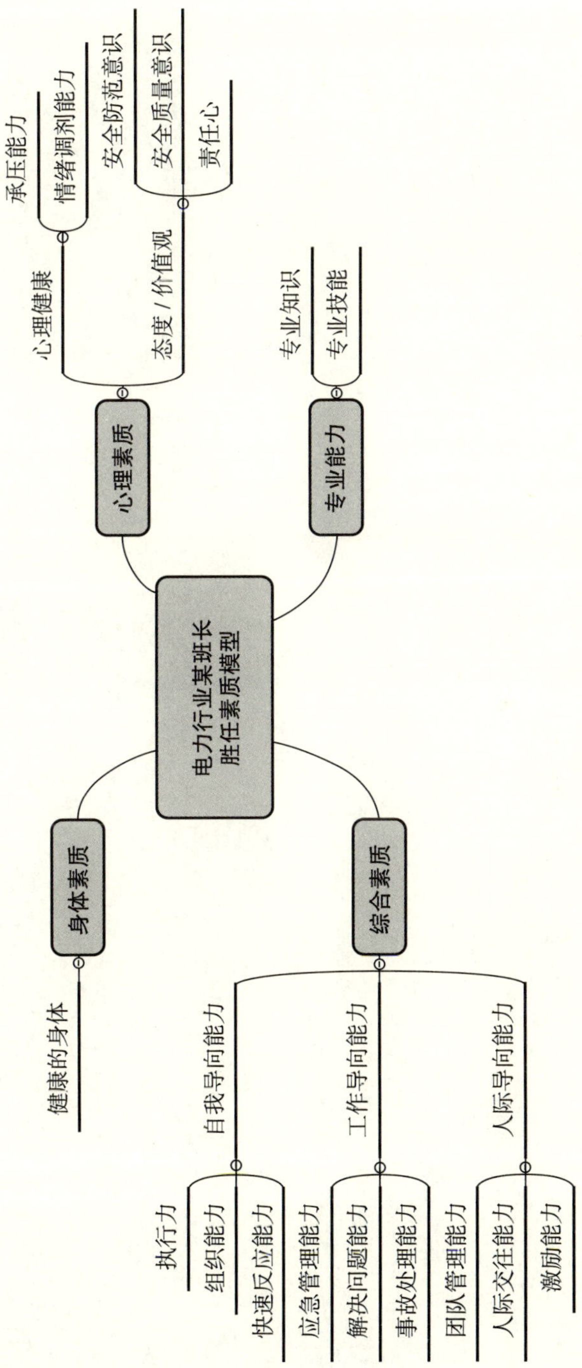

图 2-9　电力行业某班长胜任素质模型

第三章

招聘与人才评价体系构建

求士莫求全，毋以二卵弃干城之将；用人如用木，毋以寸朽弃连抱之材。

——《幼学琼林·武职》

企业的甄选工作应该是规范化、体系化的。虽然，很多专家与教材都讲，企业建立评价中心的成本过高，但事实上，随着人力资源工作变得越来越重要，人力资源管理技术不断发展，人力资源的投入产出比越来越高，在人力资源上的投资获得收益也使企业经营者们越来越重视人力资源工作。以上情况使甄选工作所需成本在整体人力资源费用中的占比越来越小。很多企业事实上有建立自己的人才评价中心的能力，还有一些可以承担较高的外部人才评价中心的费用。建立科学的、体系化的、规范的人才评价体系可用于企业招录、内部晋升、培训、绩效考评等。同时，从《中华人民共和国劳动合同法》的法律视角，企业有规范与科学的评价体系证明员工胜任或不胜任工作，可以规避不胜任员工解除劳动合同的法律风险。

一、人力资源规划

人力资源规划是指企业从战略规划和发展目标出发，根据其内、外部环境的变化，预测企业未来发展对人力资源的需求，以及为满足这种需求所提供人力资源的活动过程（见图 3-1 所示）。

二、招聘制度建设

招聘制度是招聘体系的整体规范，也是招聘活动的指导性文件，企

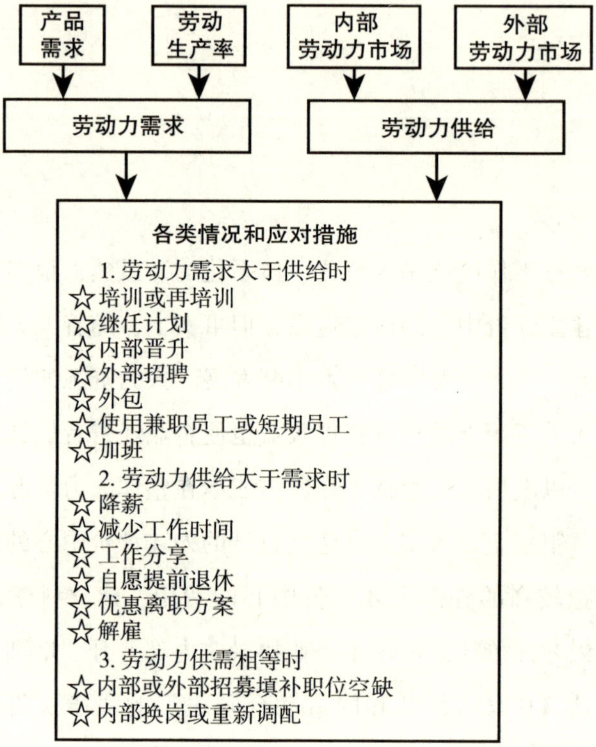

图 3-1　人力资源规划①

业要根据自身的情况建设招聘制度体系。下文所附为招聘制度及相关表格样例。

企业招聘制度建设

第一章　总则

第一条　为满足公司用人要求，保证公司员工素质，招聘到适合公司的人才，使招聘工作正规化、流程化，特制定本制度。

① 路易斯·R. 戈梅斯–梅西亚、戴维·B. 鲍尔金、罗伯特·L. 卡迪著，张正堂、蒋建武、刘宁译：《人力资源管理》，北京大学出版社，2011 年 6 月。

第二章　适用范围

第二条　除兼职人员、临时人员以外，需要与公司签订一年以上（含一年）劳动合同的公司全员。

第三章　管理职责

第三条　人力资源行政部：

1. 审核用工部门的用工需求及岗位职责书；

2. 选择招聘渠道并进行招聘信息的发布；

3. 根据用工部门的要求及岗位职责书要求，初步筛选应征者；

4. 负责组织应聘人员的应试、评估、录用、入职培训及劳动关系简历等工作。

第四条　相关部门：

1. 负责对本部门的人力增补提出需求及规划；

2. 完成新增岗位（人员）的工作分析及岗位职责书的制定；

3. 参与人资行政部组织的员工评估工作；

4. 负责对应聘者进行专业知识和技能的测试。

第四章　基本原则

第五条

1. 内部优先原则：在公司出现职位空缺时，优先从公司内部进行招聘，如果内部无合适人选再进行社会公开招聘。

2. 双重考查原则：所有职位招聘都需经过用人部门和人事的双重考查，重点从任职资格、专业技能、品德、岗位胜任力、动力适配性等方面进行综合考查。

3. 回避原则：所有具有测评权限的人员，应当对亲属面试测评进行回避，且不得做出任何评价；有亲属关系的双方，不得在同一部门任职，不得在有业务上下游密切联系的部门同时任职；近三年在原单位（非华发系统）是上下级同事关系的双方，不得在同一部门同时任职。

第五章　人力控制

第六条 人力资源部应定期组织人力盘点，就现有人员工作能力、流动率及储备需求等进行分析，作为人力资源开发计划的参考依据。

第七条 各部门如需增补人员，应填写《员工招聘申请表》，交人力资源部审核，并编制《员工招聘计划表》报总经理批准后实施。

第八条 人力资源部在受理《员工招聘申请表》时，应先检查所申请的岗位是否为编制岗位，其人数、职位薪资是否在预算控制内，增员时机是否适当等。

第九条 对编外人员的招聘或因企业发展所需而计划招聘，应拟订《员工招聘计划表》，并附招聘方案（包括招聘周期、招聘渠道、信息发布、考核事项、招聘费用等）报总经理审批后实施。

第六章 招聘甄选

第十条 企业所需员工，一律实行公开、公平、公正原则，面向社会或者内部招聘。

第十一条 招聘计划一般应包括岗位名称、人数、性别、学历、年龄，以及岗位的特殊需要等内容。

第十二条 招聘小组成员：根据招聘要求及对象，组织成立招聘小组，包括人力资源部负责招聘的日常工作人员，及相关部门的负责人，以及担任面试主考官的相关人员。

第十三条 选择招聘渠道和方法

1. 使用原则：招聘渠道分为内部招聘和外部招聘，人力资源管理部门根据公司人力资源实际情况确定具体的人才获取渠道。

2. 内部招聘：内部招聘是指根据机会均等的原则，内部员工在得知招聘信息后，按规定程序应聘，公司在内部员工中选拔人员的过程。

3. 外部招聘：外部招聘是指在出现职位空缺时，从社会公开选拔人员的过程。公司外部招聘的渠道包括：综合性招聘网站、猎头、人才市场、官方微信招聘平台、公司官方网站、内外部人员推荐等。

第十四条　宣传招聘信息：人力资源部依据岗位要求及录用标准，确定招聘范围，针对相应的人群进行招聘宣传。宣传的途径包括：校园招聘会、各相关部门组织的人才交流会、网上宣传、各种报纸发布招聘信息、相关人员介绍等。

第十五条　人力资源部应本着真实、合法、简洁、准确的原则发布招聘信息，进行招聘宣传。

1. 真实：招聘宣传内容应当客观、真实，对所涉及的内容要依法兑现。

2. 合法：招聘宣传内容应当符合国家和地方的法律、法规和政策。

3. 简洁：招聘广告编写应当简单明了，突出招聘岗位的特点。

4. 招聘宣传应体现公司的良好形象，作为宣传公司的机会，给应聘者留下良好印象。

第十六条　应聘资料审查：

1. 招聘信息发出后，人力资源部审核收到的求职资料，对初审合格的求职者通知其在规定时间内到指定地点接受测试、甄选。

2. 对应聘人员，人力资源部应要求其填写《应聘人员登记审批表》。

3. 对于不合格应聘者，根据其要求退回求职资料。

第十七条　初选登记报名：确定应聘者了解公司岗位情况后对符合招聘基本条件的应聘者进行登记。了解应聘者的基本情况，对应聘人员进行统计，分类登记。统一安排招聘甄选工作。应聘资料应包括个人履历表、照片、最高学历学位证明、应聘者个人评价、特长介绍等。

第十八条　面试：办公室向初选合格的求职者发面试通知，并要求其面试时提供学历证书、身份证等相关证件的原件。面试结束后，小组成员讨论对各应聘者的意见并分别将评价结果填写在《应聘人员约谈记录单》上，报公司总经理决定是否聘任。当小组成员未能达成一致结论时，提交总经理进行讨论决定。

第十九条　背景调查：根据应聘者面试情况，在有必要的情况下对应聘者进行调查、核实。包括原工作单位情况、离职原因是否真实，学生在校情况、家庭状况、个人基本状况等方面。

第二十条　体格检查：凡对身体健康状况有严格要求的岗位，应对合格求职者进行体检。体检由人力资源部统一安排，体检不合格者不得录用。

第七章　人员录用

第二十一条　结果评定：经考核评定不予录取的人员，将其资料归档保存；根据要求退回的，退回求职者。经评定合格并批准录取的人员，由人力资源部发放录用通知，并安排其职前培训的准备工作。

第二十二条　对应聘者的背景调查或求职资料，要尊重个人的隐私权，严格保密。

第二十三条　本制度解释权在人力资源部。

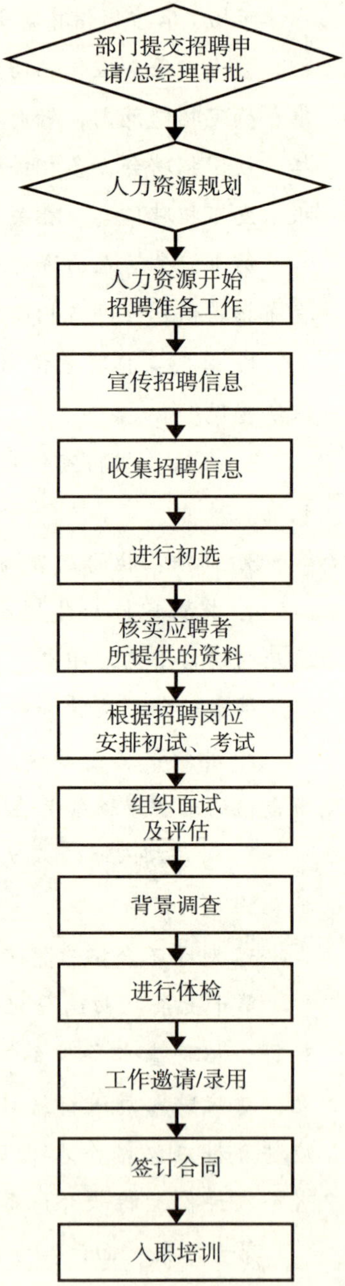

图 3-2　招聘流程图

表 3-1　入职审批表

<table>
<tr><td>姓名</td><td></td><td>性别</td><td></td><td>部门</td><td></td><td>应聘职位</td><td></td></tr>
<tr><td colspan="8">一、任职资格审查</td></tr>
<tr><td>学历</td><td>□符合</td><td colspan="2">□不符合</td><td>专业背景</td><td colspan="2">□符合</td><td>□不符合</td></tr>
<tr><td>同行经验</td><td>□符合</td><td colspan="2">□不符合</td><td>同岗经验</td><td colspan="2">□符合</td><td>□不符合</td></tr>
<tr><td>区　域
匹配性</td><td>□符合</td><td colspan="2">□不符合</td><td>薪资要求</td><td colspan="2">□符合</td><td>□不符合</td></tr>
<tr><td>稳定性</td><td>□符合</td><td colspan="2">□不符合</td><td>毕业证</td><td colspan="2">□符合</td><td>□不符合</td></tr>
<tr><td>职称证</td><td>□符合</td><td colspan="2">□不符合</td><td>学位证</td><td colspan="2">□符合</td><td>□不符合</td></tr>
<tr><td>求职动机</td><td colspan="3"></td><td>岗位期望</td><td colspan="3"></td></tr>
<tr><td rowspan="4">面试成绩</td><td rowspan="2">初试</td><td>成绩</td><td colspan="5">评语</td></tr>
<tr><td></td><td colspan="5"></td></tr>
<tr><td rowspan="2">复试</td><td>成绩</td><td colspan="5">评语</td></tr>
<tr><td></td><td colspan="5"></td></tr>
<tr><td colspan="8">二、审批意见</td></tr>
<tr><td>用人
部门
意见</td><td colspan="7">负责人（签字）：</td></tr>
<tr><td rowspan="5">办公室
意　见</td><td colspan="7"></td></tr>
<tr><td>岗位</td><td></td><td>试用期</td><td colspan="4">年　月　日—　　年　　月　　日</td></tr>
<tr><td colspan="2">劳动合同期限</td><td colspan="5">年　月　日—　　年　　月　　日</td></tr>
<tr><td colspan="2">试用期工资标准</td><td colspan="2">元 / 月</td><td colspan="2">转正后工资标准</td><td>元 / 月</td></tr>
<tr><td>负责人</td><td colspan="6">（签字）　　年　　月　　日</td></tr>
<tr><td>总经理
意　见</td><td colspan="7">签字：
年　　月　　日</td></tr>
</table>

三、招聘需求的产生

（一）招聘需求的收集

1. 现有的岗位缺员

做人力资源工作做久了，总觉得人力资源管理最重要，事实上，老板们并不这么看，员工也并不这么看，尽管人力资源管理变得愈来愈重要，但让一个企业生存与发展的基石仍然是经营，人力资源管理的服务者的角色从来都没有变过。补充各个岗位上现在的缺员，是招聘工作的首要事项。

需要警惕的是假性缺员。虽然一个部门主管不停地跟你强调他的部门有多缺人，但衡量过他们的工作量后你会发现，事实并不完全如此。当然，你也可能碰到一些部门忙得要死，每个人恨不得工作的时候飞起来。可衡量完他们的工作结果，你会发现，问题可能是效率低下，没有管理、分工与协作。不解决这一问题，你往这个部门里补充多少人都没有用，同时，突发的雇员离职和岗位原有人员晋升也会形成岗位缺员。

衡量一个部门或公司是否是假性缺员，有以下几种方法：

（1）观察、衡量工作量是否基本饱和；

（2）查看部门及个人的绩效表现，是否人尽其才；

（3）部门及个人是否有明确的工作目标及清晰的工作计划，并能基本达成；

（4）现有人员的能力与岗位要求是否基本匹配。

2. 因工作范围扩大导致的缺员

招聘工作是前置于其他管理工作的，所以招聘工作要关注企业战略、企业发展、业务调整等变化。如果这些变化导致工作范围扩大，工作要求发生变化，就会导致缺员，这种缺员需要及时补充，甚至是前置的补充。

3. 新技术的应用导致的缺员

在2015—2016年期间，我们关于科技变化的热词是“大云物移”（大数据、云计算、物联网、移动互联），到2017年，很快就变成了“大云物移智”（大数据、云计算、物联网、移动互联、人工智能）。现在的新技术完完全全可以用“日新月异”这一词来真实描述，而非夸张地表达。由于新技术的不断运用，企业员工的能力不能适应新技术的变化，会导致真实的或者说结构性的缺员，也就是说有人在这个岗位上工作，但事实上却不能胜任该工作，不能满足工作的需求。

4. 企业不同的发展阶段对不同类型人才的需求

在企业发展的初创期、成长期、稳定期和衰退期，对人才类型的需求是不一样的。在企业的经济总量没有发生变化的前提下，企业的发展阶段发生变化，对人才类型的需求也会发生变化。

5. 为了企业未来的发展而进行的人力资源储备

随着企业的发展，有一些岗位变得十分关键，这些关键岗位如果出现长时间的空缺，有可能会对企业造成巨大的经济损失，所以需要提前进行人力资源储备。

（二）招募来源

1. 当前的员工

已有很多论述证明，在晋升时，内部晋升的优势十分明显，所以在一些管理岗位、关键技术岗位出现空缺时，应优先考虑内部晋升。

2. 当前员工的推荐

虽然网络招聘与微招聘变得越来越重要，但成功率更高、靶向性更好的招聘方式还是当前员工的推荐。这种推荐目的清晰，更容易建立互信关系，当然需要警惕这种方式带来的裙带关系和就业不公平现象。

3. 退伍军人

退伍军人的纪律性、毅行性是他们鲜明的特点，对于企业来说，如果在这方面有要求的岗位，退伍军人是非常好的选择。有一些退伍军人在部队的时候受过专门的技术性训练，可以给企业带来很大的贡献，所以，企业不应该拒绝招募退伍军人，另外，我们国家对招募退伍军人有相关的优惠政策。

财政部、国家税务总局、民政部关于继续实施扶持自主就业退役士兵创业就业有关税收政策的通知

财税〔2017〕46号 财政部

对商贸企业、服务型企业、劳动就业服务企业中的加工型企业和街道社区具有加工性质的小型企业实体，在新增加的岗位中，当年新招用自主就业退役士兵，与其签订**1年以上期限**劳动合同并依法缴纳**社会保险费**的，在**3年内**按实际招用人数予以定额依次扣减增值税、城市维护建设税、教育费附加、地方教育附加和企业所得税优惠。定额标准为**每人每年4000元，最高可上浮50%**，各省、自治区、直辖市人民政府可根据本地区实际情况在此幅度内确定具体定额标准，并报财政部和税务总局备案。

纳税人按企业招用人数和签订的劳动合同时间核定企业减免税总额，在核定减免税总额内**每月依次扣减**增值税、城市维护建设税、教育费附加和地方教育附加。纳税人实际应缴纳的增值税、城市维护建设税、教育费附加和地方教育附加小于核定减免税总额的，以实际应缴纳的增值税、城市维护建设税、教育费附加和地方教育附加为限；实际应缴纳的增值税、城市维护建设税、教育费附加和地方教育附加大于核定减免税总额的，以核定减免税总额为限。

纳税**年度终了**，如果企业实际减免的增值税、城市维护建设税、教育费附加和地方教育附加小于核定的减免税总额，企业在企业所得税**汇算清缴时扣减企业所得税**。当年扣减不完的，**不再结转**以后年度扣减。

计算公式为：企业减免税总额＝∑每名自主就业退役士兵本年度在本企业工作月份÷12×定额标准。

4. 中介机构

通过中介机构招募是一种保证稳定的人力资源的来源方式。一般情况下，各省、地、县三级都有专门的人力资源市场进行相关的服务。同时除了各地的人力资源市场外，还有职业介绍所、猎头服务机构和专门为某行业服务的中介机构，例如餐饮业、IT 业等。通过中介机构，可以进行有目的的招聘。

5. 临时员工

人力资源出现空缺时，及时录用兼职人员、学生、退休劳务人员等做一些储备，以备不时之需。在必要的时候，他们是非常好的人力资源补充。

6. 客户

最了解我们的人就是我们的竞争对手和我们的客户。如果有客户给我们推荐人，说明其对我们企业与管理是认可的。客户的推荐也很重要，也可以视为一种招募的来源。

四、招聘信息发布

（一）招聘网站

1. 地方招聘网站（各地的人才网站）

太原人才网	http://www.tyrcw.sx.cn
桂林人才网	http://www.glrcw.com
广东人才网	http://www.gdrc.com

云南人才网 http://www.ynhr.com

贵州人才网 http://www.gzrc.gov.cn

2. 知名全国招聘网站

前程无忧 http://www.51job.com.cn

智联招聘网 http://www.zhaopin.com

人才热线 http://www.cjol.com

中华英才网 http://www.china-hr.com

登龙门 http://www.dragongates.com

3. 分类信息网站

目前多集中在基层招聘及普通岗位

58同城 http://ty.58.com

赶集网 http://bj.ganji.com

4. 猎聘网等高级人才猎头网站

猎聘网 http://www.liepin.com

中华猎头网 http://www.zhltw.cn

领英 http://cn.linkedin.com

猎头人才网 http://www.51hunter.net

推猎网 http://www.tuilie.com

（二）媒体广告

通过电视、报纸和广播进行的招聘活动曾经是最主要的招聘来源方式，近年来已经逐渐被网络所取代，但是在一些县级的行政区划里，对于当地的企业来讲，它们仍然是非常重要的招聘方式。

（三）户外和楼宇广告

户外和楼宇广告在现在的应用是比较广泛的，很多企业通过楼宇广告招聘。户外广告相对于楼宇广告用在招聘信息发布上是比较少的，却是真实存在的。

（四）微招聘

近年以来，在微信朋友圈发布图文或者采用 H5 的方式比如易企秀、兔展等 App 生成互动页面进行人力资源招募几乎成了最重要的一种招聘方式，从央企到小型企业都在使用。

很多的企业如国资小新、北方人才的公众平台建立了专门的人力资源频道。

（五）公司招聘网站

通过公司网站进行招聘。公司会在网站上设立专门的报名、考试以及下载准考证的通道。几乎所有的央企都有这样的模块，中小型企业也应该在自己的公司网站上发布这样的信息。

（六）校园招聘

校园招聘是我们招聘应届毕业生的重要方式。企业应与校园就业办取得联系或参加校方组织的针对其应届毕业生的招聘会。在参加校园招聘时，有两种招募方式，一种是现场招录人员，收集简历；另一种是进行宣讲。在校园宣讲时，应提前与大学做好场地预定，在毕业季，大学就业办会提供相应的服务。同时应对自己的招募海报进行设计、准备好校园宣讲 PPT，到现场后要做好现场布置，对前来应聘的学生做好组织，同时做好初步面试。

五、简历管理

（一）简历收集

大型的企业一般都有规定的网站报名通道，中小型企业大都是通过邮件的方式收集简历，希望在这一环节能尽量认真的对待每一份简历，虽然工作繁重。

（二）简历分类

通过简历的报考岗位、专业等信息进行初步分类。

（三）简历筛选

面对每天收到的成百上千份简历，该如何做到高效快速的筛选呢，以下列举了一些建议：

第一，要查看一般信息，主要包括姓名、性别、年龄、学历，工作单位、起止时间、工作内容、参与项目名称等。第二，要查看应聘者自我评价或描述是否适度，是否属实，并找出这些描述与工作经历描述中相矛盾或不符、不相称的地方。第三，要初步判断简历是否符合职位要求，如判断求职者的专业资格和工作经历是否符合职位要求、分析求职者应聘职位与发展方向是否明确和一致、初步判定求职者与应聘职位的适合度。第四，全面审查简历中的逻辑性，主要是审查求职者工作经历和个人成绩方面，要特别注意描述是否有条理、是否符合逻辑性、工作时间的连贯性、是否反映一个人的水平、是否有矛盾的地方，并找出相关问题。第五，查看一下求职者薪资期望值。

（四）资格审查

一些大型企业还要求进行资格审查，审查程序如下：

1. 符合报名条件

审查考生报名信息是否符合招聘报名条件。

2. 审查资料是否一致

招聘职位申请书、身份证、学历（学位）证书、获奖证书、相关从业资格证、从业经历证明材料、近期个人 2 寸彩照。

3. 个人承诺书

填写本人承诺书。

4. 考生签字

考生信息表、承诺书、个人简历。

5. 汇总

汇总审查结果，出具审查报告。

6. 资格审查重点如下

（1）审查应聘人员报名信息是否完整，是否属实、与实际情况相一致，是否符合招聘报名条件。

（2）应聘者的教育情况，包括学历、毕业学校、所学专业、毕业时间、学习性质、双学位等。要与资格审查名单比对，防止个人简历已经进行过修改。研究生还须提供本科阶段的学历学位证书的原件及复印件。

（3）如实、详细地记录各类不符情况，审查人签字。

（4）应聘者在审查人的监督下签署承诺书。

（5）资格审查材料按规定顺序装订。

（6）资格审查结果提交现场纸质版及汇总电子版。

六、甄选设计——评价中心技术一览及评价方法选取

评价中心技术是应用现代心理学、管理学、计算机科学等相关学科的研究成果，通过心理测验、能力、个性和情境测试对人员进行测量，并根据工作岗位要求及企业组织特性进行评价，从而实现对人个性、动机和能力等较为准确的把握，做到人—职匹配，确保人员达到最佳工作绩效。①

① 引自智库百科。

笔者对评价中心技术进行了整理，如图 3-3 所示。其中，面试方法有演讲、角色扮演、模拟面试、结构化面试、计划小组、管理游戏、情境模拟面试和无领导小组讨论等。笔试方法有专业技术测试、公文筐测试和职业能力测试等。心理测验方法有态度与动机测评、心理健康体检和人格素质测评等。

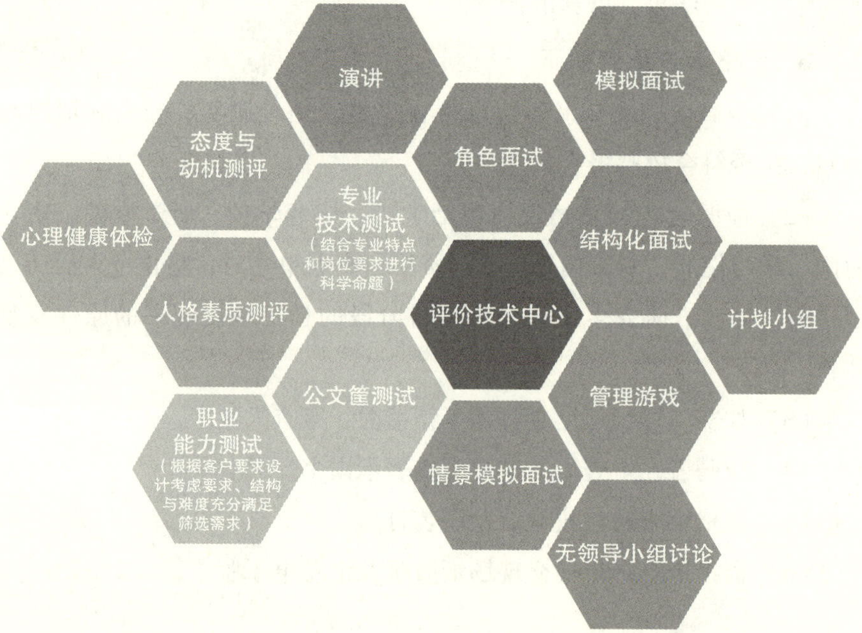

图 3-3 评价中心技术

评价中心技术的运用首先应确定评价目的：用于招聘和晋升的是选拔性的评价中心技术；用于培训发展的评价中心技术应以评价为主，而非选拔；用于绩效考核的则是评价与分数并重。根据评价目的，结合胜任素质模型，选取合适的评价体系，再根据评价体系来选择测评方式。测评方式分为笔试、面试和心理测验，一般来说，各选取一种即可，当然，也可以将选取方式组合使用。将结果进行统计，分析，综合评估结果，形成胜任素质能力报告。

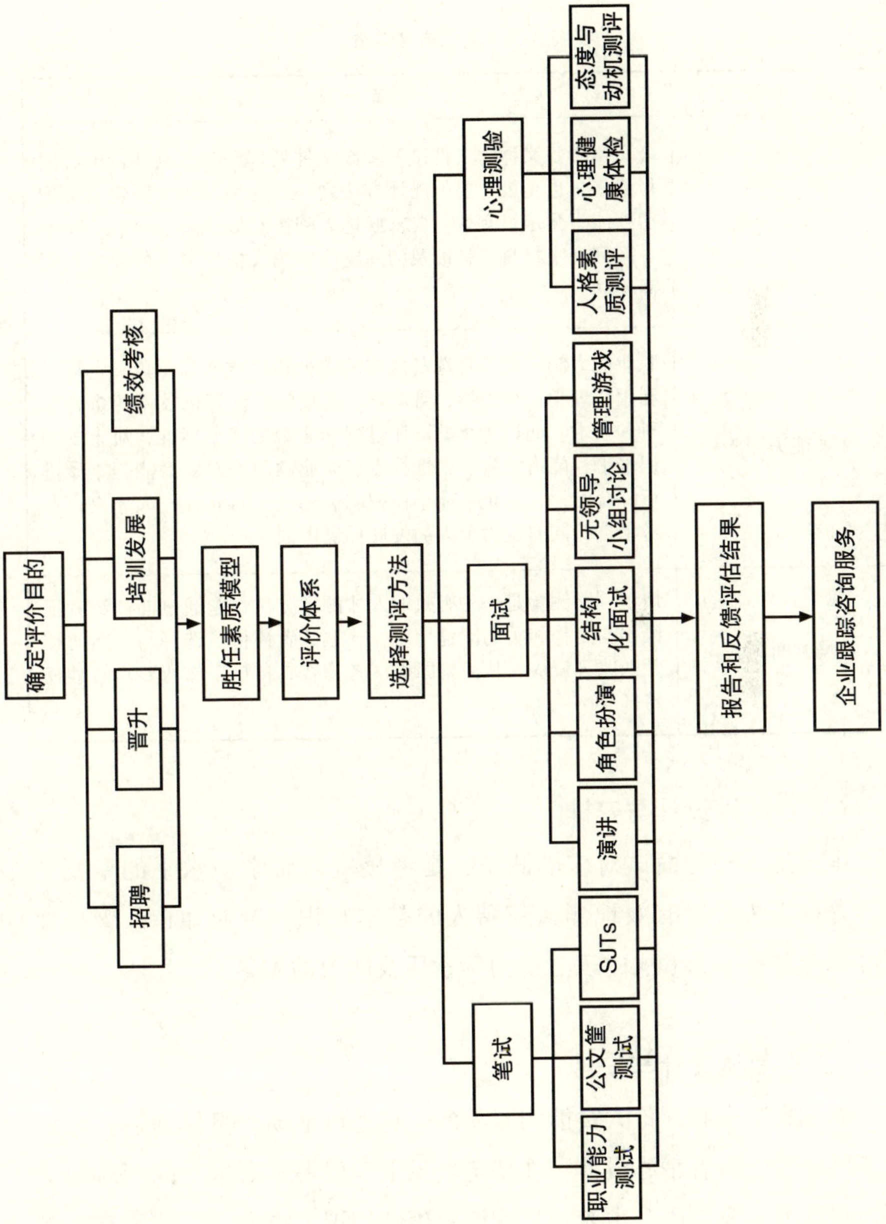

图3-4　评价中心技术工作流程

表 3-2 是笔者较常用的几种评价中心技术的方法，与大家共享。

表 3-2　笔试方法简介

方　　法	简　　介
公文筐测验	公文筐测验又称为文件筐测验或文件处理测验，是评价中心用得最多、也是最重要的测评方法之一。这种方法对管理人员的潜在能力测定很有效，要求候选人阅读和处理备忘录、信函等一系列文字材料，其涉及的问题因候选人拟任岗位的要求不同而不同
职业能力测验	职业能力倾向测试是选贤任能的一种科学方法和手段，它综合利用心理学、行为学、管理学、测量学、计算机技术等多种学科和技术，通过严密的测评过程和客观的评分标准，对人的知识水平、能力结构、个性特点、职业倾向、发展潜能等素质进行综合测评，为企事业单位招聘、选拔、培养各类人才提供参考依据，同时也为个人的发展提供咨询
情境判断测验	情境判断测验是一种有效的人才测评方法，它通过向被试者描绘出与工作相关的问题情境，让被试者评价或选择与该问题相关的系列反应，从而判断被试者是否具备该工作所要求的胜任特征

（一）笔试设计与安排

笔试是一种与面试对应的测试，是考核应聘者学识水平的重要工具。这种方法可以有效地测量应聘人的基本知识、专业知识、管理知识、综合分析能力和文字表达能力等素质及能力的差异。

（二）面试设计与安排

面试是测查和评价人员能力素质的一种考试活动。具体地说，面试是一种经过组织者精心设计，在特定场景下，以考官对考生的面对面交谈与观察为主要手段，由表及里测评考生的知识、能力、经验等有关素质的一种考试活动。

表 3-3　面试方法简介

类　型	测评要素
结构化面试	考察考生的反应能力、思维敏捷程度、语言表达能力、价值观及面对压力的处理能力等
无领导小组讨论	考察应试者的言语理解与表达能力；举止仪表；综合分析判断能力；自我控制与情绪稳定性；人际沟通的意识和技巧；团队合作能力；组织协调能力；创新意识以及自信程度、进取心、反应灵活性等个性特点
角色扮演	角色扮演（Role Play）即让候选人成对地扮演各种角色并讨论各种相关的问题，主要是用以测评人际关系处理能力的情境模拟活动。在这种活动中，评价者设置了一系列尖锐的人际矛盾和人际冲突，要求候选人扮演某一角色并进入角色情境，去处理各种问题和矛盾。评价者通过对候选人在不同人员角色的情境中表现出来的行为进行观察和记录，测评其素质潜能
管理游戏	在这种活动中，小组成员各被分配一定的任务，必须合作才能较好地解决，例如购买、供应、装配或搬运。有时引入一些竞争因素，如三四个小组同时进行销售或进行市场占领，以分出优劣。有些管理游戏中包括劳动力组织与划分和动态环境相互作用及更为复杂的决策过程。通过候选人在完成任务的过程中所表现出来的行为来测评候选人的素质，有时还伴以小组讨论。管理游戏是一种以完成某项“实际工作任务”为基础的标准化模拟活动。通过活动观察与测评候选人的实际管理能力

（三）心理测验

事实上，需要确立的概念是：心理健康维度的建立应该是伦理学上的一种进步，因为担心伦理学问题而刻意忽略胜任模型中心理健康维度的定义与实践对精神卫生事业的促进。在《中华人民共和国精神卫生法》中提到，筛选“发生伤害自身、危害他人安全的行为”，“有伤害自身、危害他人安全的危险性”。

表 3-4 心理测验方法简介

方 法	简 介
人格素质测评	通过一定的方法，对在人的行为中起稳定的调节作用的心理特质和行为倾向进行定量分析，以便进一步预测个人未来的行为
心理健康体检	心理健康体检就是使用科学的心理测量方法，对受检者的心理健康状况及心理素质进行评估的一种行为
态度与动机测评	动机测验是指运用主题统览测验等方法测验被测者的成就需求、权力需求和亲和需求等需求动机的强弱程度

（四）身体检查

入职体检一般有以下项目：

1. 一般检查

（1）抽血

化验（均使用一次性真空负压采血管）。

（2）血常规 18 项

检查有无贫血、炎症、血液病等。红细胞数目（RBC）、白细胞数目（WBC）、血小板数目（PLT）、血红蛋白（HGB）、中间细胞数目（Mid#）、淋巴细胞数目（Lymph#）、粒细胞数目（Gran#）、平均红细胞体积（MCV）、平均红细胞血红蛋白（MCH）、平均红细胞血红蛋白浓度（MCHC）、平均血小板体积（MPV）、红细胞分布宽度（RDW）、红细胞压积（HCT）、血小板分布宽度（PDW）、血小板压积（PCT）、淋巴细胞百分比（Lymph%）、粒细胞百分比（Gran%）、中间细胞百分比（Mid%），共 18 项检查结果。可以发现贫血、炎症、止血异常、血液病和肝、脾的病变及临时性感染。

（3）肝功能

谷丙转氨酶（ALT）检查肝功能最直接的指标。

（4）乙肝表面抗原（HbsAg）

检查体内有无乙肝病毒感染。

（5）血型

血型检查。

2. 科室项目

（1）心电图

检查心脏最常用的方式。心电反应性疾病检查尤其对心律失常是最准确的诊断方法，对心肌缺血和其他非循环系统疾病，如低血钾和甲亢也有一定的诊断意义。

（2）胸透

心、肺、膈疾病检查。

（3）以下任选一项

① 内科

心、肺、肝、脾、胆囊、神经系统检查等。

② 眼科

视力、眼睑、结膜、眼球、色觉、眼底、裂隙灯检查等。其中，通过裂隙灯检查可以发现全身其他部位病变所引起的眼底变化。如：糖尿病、高血压等。

3. 实验室检查

乙肝五项（由乙肝表面抗原调换）

确定是否感染乙肝病毒及是否对乙肝有免疫力，提示病毒是否复制。

七、背景调查

（一）简要的背景调查

1. 身份信息核查

这是最基础的核查，一定要做。笔者这只老猎手在这一点上就被雁啄过眼。有个应聘者拿着别人的身份证复印件来应聘，结果就冒用别人的身份跟名字在公司待了近两年而没有露馅儿。但出了问题后，悔之晚矣。

所以一个身份证识别仪还是很重要的。当然，最近越来越多的酒店、移动营业厅在用的一种身份证与人脸比对的神器也可以使用。

图 3-5 人证对比系统

2. 教育信息核查

可以要求求职者出具学信网上出具的学历认证报告，报告上有二维码，可以直接扫一扫验证。留学归国人员也一样，只是有时他们的报告会稍滞后一些。这些都没关系，《劳动合同法》规定了求职者有提供真实信息的义务，否则即可解除劳动关系。

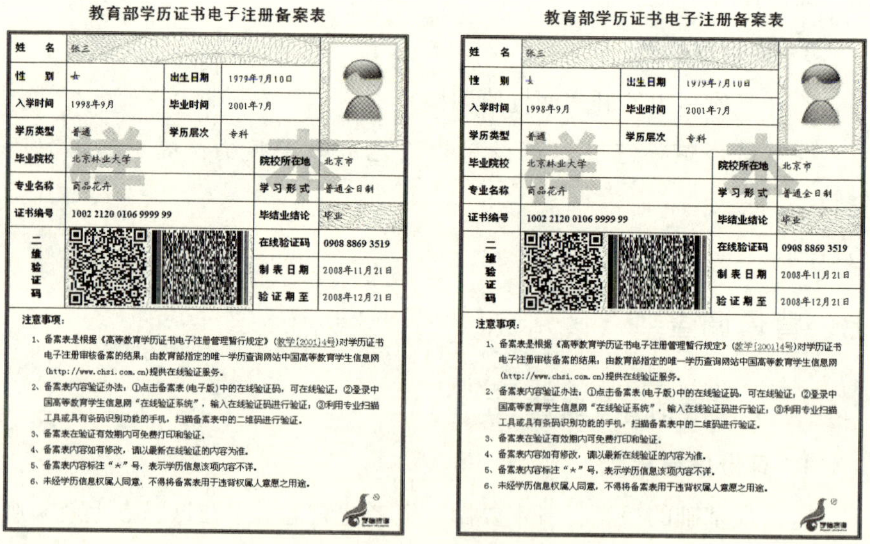

教育部学历证书电子注册备案表

姓名	张三		
性别	女	出生日期	1979年7月10日
入学时间	1998年9月	毕业时间	2001年7月
学历类型	普通	学历层次	专科
毕业院校	北京林业大学	院校所在地	北京市
专业名称	商品花卉	学习形式	普通全日制
证书编号	1002 2120 0106 9999 99	毕结业结论	毕业
二维验证码		在线验证码	0908 8869 3519
		制表日期	2008年11月21日
		验证期至	2008年12月21日

样本

注意事项：

1、备案表是根据《高等教育学历证书电子注册管理暂行规定》（教学[2001]4号）对学历证书电子注册审核备案的结果；由教育部指定的唯一学历查询网站中国高等教育学生信息网（http://www.chsi.com.cn）提供在线验证服务。
2、备案表内容验证办法：①点击备案表（电子版）中的在线验证码，可在线验证；②登录中国高等教育学生信息网"在线验证系统"，输入在线验证码进行验证；③利用专业扫描工具或具有条码识别功能的手机，扫描备案表中的二维码进行验证。
3、备案表在验证有效期内可免费打印和验证。
4、备案表内容如有修改，请以最新在线验证的内容为准。
5、备案表内容标注"*"号，表示学历信息该项内容不详。
6、未经学历信息权属人同意，不得将备案表用于违背权属人意愿之用途。

教育部学历证书电子注册备案表

姓名	张三		
性别	女	出生日期	1979年7月10日
入学时间	1998年9月	毕业时间	2001年7月
学历类型	普通	学历层次	专科
毕业院校	北京林业大学	院校所在地	北京市
专业名称	商品花卉	学习形式	普通全日制
证书编号	1002 2120 0106 9999 99	毕结业结论	毕业
二维验证码		在线验证码	0908 8869 3519
		制表日期	2008年11月21日
		验证期至	2008年12月21日

样本

注意事项：

1、备案表是根据《高等教育学历证书电子注册管理暂行规定》（教学[2001]4号）对学历证书电子注册审核备案的结果；由教育部指定的唯一学历查询网站中国高等教育学生信息网（http://www.chsi.com.cn）提供在线验证服务。
2、备案表内容验证办法：①点击备案表（电子版）中的在线验证码，可在线验证；②登录中国高等教育学生信息网"在线验证系统"，输入在线验证码进行验证；③利用专业扫描工具或具有条码识别功能的手机，扫描备案表中的二维码进行验证。
3、备案表在验证有效期内可免费打印和验证。
4、备案表内容如有修改，请以最新在线验证的内容为准。
5、备案表内容标注"*"号，表示学历信息该项内容不详。
6、未经学历信息权属人同意，不得将备案表用于违背权属人意愿之用途。

图 3-6 学信网学历认证

3. 职业资格信息核查

近年来颁发的证件都可以在网上核查真伪，可以由人资部门人员至发证机关官网核查，有条件的企业可外委托第三方核查。

4. 工作履历核查

一家五星级酒店的人力资源部经理有一次给我介绍他们新录用的一个很年轻的培训经理，目测年龄在25—28岁，但是介绍经历那叫一个天花乱坠。本科是哈工大的，之后又留学，在世界500强的企业里做过培训经理，之后离职出来还做过几年TTT培训。最夸张的是号称留过学美、法、德。我问他在什么样的500强工作，他说51JOB，我问他51JOB是智联还是中华英才，他没有答上来，内心为前程无忧一哭。又问他TTT是什么，他说是他会做OUT TRAINNING。满嘴的英文单词跟惨不忍闻的英文发音，我问他为什么英文发音如此不好，他说他留学时主要在德、法，跟他说“Bon-jour”，他说他会一点德语，我跟他说：“Was ist das?”他也没接上来，直接跟我发了脾气，说我们只是供应商，跟他聊这个干什么。

假的就是假的，核查履历，算算时间是我们必须要做的事情。如果有一些事情不清楚，首选向本人询问，如还不清楚就要打电话核实。

5. 工商信息核查

随着创业浪潮的滥觞，核实工商信息也很有必要。红盾网指的是各地方工商局的门户网站，网站上除了对该工商局的概括、人员编制及职能的介绍，还有一些公众服务信息，如工商局发布的各种公告、各行业的新规定、各类办事指南，并有网上办事大厅及查询平台和举报平台等，方便群众办事、查询及对违法行为和不良信息的举报。

6. 其他信息核查

违法信息及是否是法院失信被执行人也可以核查。

表 3-5 背景调查表样本①

应聘者姓名：	
教育状况核实：	
受教育机构：	联系人： 核实日期：
入校时间： 毕业（是/否）	获得何种学位
技术院校：	联系人： 核实日期：
入校时间： 毕业（是/否）	获得何种学位：
犯罪记录调查：	
记录类型： 调查结果：	调查时间： 联系人：
工作情况核实：	
工作单位：	联系人： 调查时间：
工作时间：	最后担任的职务：
主管姓名：	担任的其他职务：
基本职责：	
工作表现：	与现在从事该工作的人员比较：
出勤率：	工作态度：
该人变现出色的例子	
离职补偿：	离职原因：
有无被提升的资格：	有无被重新雇用的资格：
雇用的保留意见：	
注：	

（二）系统的背景调查

对于一些关键岗位或领导岗位员工的入职前背景调查，需要做得更加细致与深入，除上述几种方式外，还可以采用的方法有深入访谈、实地走访等。

如感觉上述方法复杂，也可以直接委托第三方专业背景调查公司来执行。

① 王丽娟：《员工招募与配置》，复旦大学出版社，2006 年 5 月。

八、录用决策

将上述甄选体系完成后，我们已经掌握了足够多的信息供我们做录用决策，所以在综合以上情况后，录用决策时如何做出选择，要从企业需求出发做出整体性的衡量，对于有争议的应聘者进一步讨论。

在给某银行进行招募时，经过简历筛选、笔试、初试后，根据要录用100人左右的计划，拟定了340左右进入最后一轮复试。复试采用结构化面试。

但在准备前，传来不好的消息，“董事长”通过人资部传过来“指示”，要做一个像“职来职往”那样的面试。

招聘开始后所有的非专业评委就开始兴奋，最后董事长决定，候选人整体表现这么优秀就多招一点吧。

因为放弃了录用决策这一阶段，直接在现场录用，结果带来了很多麻烦。第一，严重超出的录用计划，很长时间没有完全入职，安置这280人就用了很长时间。第二，招录的280人事后核实信息时发现不实信息的再进行辞退造成了新的冲突。

在录用决策时有两种选择：一是在候选人之间进行选择，二是在候选人与招聘标准之间进行比较。如果比较的结果是没有一个人能够符合要求，也有两种选择：一是进行重新招聘；二是在原来的招聘池中进行重新选择。①

九、入职培训

入职培训也是很宝贵的测评步骤，培训期正常与试用期重合，所以

① 王丽娟：《员工招募与配置》，复旦大学出版社，2006年5月。

不要忽略入职培训期的测评。工作要求我们 HR 要用一两天乃至一两小时，甚至半小时十几分钟去了解一个人，但不意味着如果我们有机会了解到更真实、更丰富的信息时要放弃。如果有机会，在被试者不戴面具的时候了解和预期工作绩效，笔者觉得是十分难得的机会。

（一）在入职培训期间安排一些拓展训练与游戏类课程，通过员工在这些活动中表现出来的参与度、组织协调能力、团队合作能力、领导激励能力、适应程度、抗逆力等能力要素进行评价与记录。

（二）入职培训期间的素质测评结果将会是十分有价值的员工的第一份工作表现记录。

（三）对于入职培训期间是否要签订劳动合同，在实际操作中尚有一些争议。笔者的建议，既然前面的录用决策阶段已经做了足够的工作，存在的误差就在可接受的范围内，该签合同就签合同，不要因为入职培训期间还要再观察就打擦边球。

第四章

笔试方法的设计与应用

权，然后知轻重；度，然后知长短。物皆然，心为甚。

——孟子

一、笔试测验内容

（一）职业能力测验

1. 概念

由于理论基础或应用场景不同，能力的分类方法较为庞杂。目前，广受认可的分类是将能力分为一般能力和特殊能力。

一般能力是指在不同种类活动中表现出来的能力，如观察力、记忆力、抽象概括能力、想象力、创造力。人要完成任何一种活动，都和这些能力是分不开的。平日我们所说的智力，就是指一般能力来说的，而一般能力测验指的就是智力测验（普心）。测验的内容取决于实测者对智力本质的理解及所采用的智力理论。特殊能力指在某种专业活动中表现出来的能力，是顺利完成某种专业活动的心理条件，如画家的色彩辨别力、形象记忆力。

职业能力（或职业能力倾向）是一种潜在的、特殊的能力，是一种对于职业成功在不同程度上有所贡献的心理元素。从内容上看，与职业活动效率有关的能力包括语言理解和运用、数理能力、逻辑推理、空间关系、知觉速度、手指关节灵巧度、人际关系、影响力、判断力、决策力等。

现在职业能力或职业能力倾向测验通行于美国。人们采取两种方法：一种是用成套的多种特殊能力测验，来测量几种能力；另一种是为每一种能力分别编制一种测量工具。前者效率较高，测试结果提供了一种常模数据，可以识别每一位被测者优缺点的相对模式。后者是专为特殊目的而编制的，所以测量的效度较高，但因为缺乏交叉情境的概括作用，当进行个人内部比较的时候，就难免出现问题。[①]

刘德恩认为，所谓职业能力测评，是通过一种或多种途径取得职业活动绩效的证据，并把这些证据对照特定职业能力标准，从而判断职业能力水准的过程。目前，国内被广泛采用和实行的测评模式主要为职业能力倾向测试和职业资格制度的认证体系。

目前，在国外流行使用的成套能力测验有近十余种，其中 DAT（Different Aptitude Tests）、GATB（General Aptitude Test Battery）两种在我国得到修订。国内的职业能力倾向测验大多由学校主导和进行，很多高校目前使用的《职业能力倾向的自我测定》问卷就是由华东师范大学俞文钊根据 GATB 编制的。在国家层面，2007 年劳动与保障部门开发制定了 7 个国家培训测评标准，即“与人交流能力单元”“解决问题能力单元”“自我学习能力单元”“信息处理能力单元”“数字应用能力单元”“创新革新能力单元”“与人合作能力单元”，及《关于颁布职业核心能力培训测评标准（试行）的通知》。

2. 职业能力测验的企业应用

在网上搜索行政职业能力测验的概念，有一个网站给出的概念是，行政职业能力测验是公务员考试中的一门科目，百度词条给出了答案：“行政职业能力测验（Administrative Aptitude Test，简称 AAT）是指专门用于测查与行政职业上的成功有联系的一系列心理潜能的标准化考试。它不同于一般的智力测验，也不同于公共基础知识或具体专业知识

① 侯典牧、傅家荣：《人员素质测评》，科学出版社，2012 年。

技能的测验，它主要是通过测试一系列心理潜能，预测考生在行政职业领域内多种职位上取得成功的可能性。这类考试测验的是一个人在多年生活、学习和实践中通过积累而形成的能力，其性质是一种基本潜在能力的考试。”这个概念，其实就是行政职业能力倾向测试，我们从行政职业能力测验的具体测验能力上就可以进一步理解。

行政职业能力测验考察的是数量关系、判断推理、常识判断、言语理解与表达、资料分析这五个方面的内容，通过这五个方面考查对语言文字的综合分析能力、对数量关系的理解与计算能力、逻辑判断推理能力、基本知识的掌握情况以及运用基本知识分析判断的基本能力和资料分析及判断能力。

行政职业能力测验因为是公务员考试中最重要的一门科目，可以说催生出了一个行业，于是有大量的人力、物力在这一项“事业”上投入。所以，有这天然的、丰富的“题库”，不用岂不是可惜了？行政职业能力是大多数岗位，尤其是行政及管理岗位的基础能力。我们从事的大多数需要用评价中心技术来测量的岗位，一般都需要具备上述所说的能力。所以，行政职业能力测验的题库可以作为企业职业能力测验的基础题库，可以在此基础上进一步丰富，从而构建适合自己企业的职业能力测验体系。

在这一点上，山西警官高等专科学校的警官素质结构与测评研究课题组建设的警官职业能力测评体系的方式值得我们借鉴。他们将警官的胜任力分为认知能力、社会能力、专业能力三部分，来构建警官职业能力测评体系。构建的警官职业能力测评大纲如图 4-1 所示。

很多企业根据自身的情况，也会用企业文化+基础专业知识+行政职业能力测验作为企业招聘笔试题库的基本构建，一些央企及金融机构在全国性的招聘笔试中这样构建他们的笔试大纲。表 4-1 是国家电网 2017 年笔试大纲。

- 能力测验
  - 认知能力
    - 专注与效率
      - 字母特征游戏
      - 心算效率
      - 比较图案
      - 观察面孔
    - 记忆能力
      - 字母/数字
      - 空间方向辨认
    - 形象空间能力
      - (1) 形象空间
      - (2) 形象空间
      - 形象空间
    - 图像创造能力
      - 完善物形
      - 意指何物
    - 逻辑思维能力
  - 社会能力
    - 情绪管理能力
    - 社会交往能力
    - 调查研究能力
  - 专业能力
    - 执行法能力
    - 案件探访能力
    - 现场处置能力

图 4-1　警官职业能力测评大纲①

表 4-1　笔试大纲

综合能力（35%）

类别	序号	主要知识结构	备注
一般能力	1	言语理解：对语言文字的综合分析能力	
	2	数理思维：快速理解和解决算数问题的能力	
	3	判断推理：根据一定的先知条件，通过自己拥有的知识、思维进行判定、推断，对事物得出自己的结论的能力	
	4	资料分析：主要类型包括文字类资料、表格类资料、图形类资料和综合类资料四种基本形式，综合考查应试者的阅读、理解、分析、计算等方面的能力	

① 警察素质结构与测评研究课题组："警察职业能力测验的初步研究"，《山西警官高等专科学校学报》，2005 年 9 月，第 13 卷第 3 期。

（续表）

类别	序号	主要知识结构	备注
电力与能源战略	1	中国能源概况、战略思路以及电力在能源战略的地位及发展方向	
	2	电网基本概念、发展历程、互联网现状和发展趋势。特高压输电发展动因及研发历程，特高压输电技术特点，特高压交直流混合电网特征	
	3	智能电网相关知识和应用	
	4	能源互联网	
企业文化	1	国家电网公司企业文化	
形势与政策	1	中国共产党和中国政府在现阶段的重大方针政策，2016 年 1 月至今国际、国内的重大时事	其他工学类专业加试内容
高等数学	1	函数、极限、连续	
	2	一元函数微分学	
	3	一元函数积分学	
	4	向量代数和空间解析几何	
	5	多元函数微分学	
	6	多元函数积分学	
	7	无穷级数	
	8	常微分方程	
大学计算机基础	1	计算机基础知识（计算机定义、组成、进制、操作系统等）	
	2	网络技术基础（定义、拓扑结构、协议、差错控制、Internet）	
	3	多媒体技术基础（媒体定义、多媒体组“3 成”、数据压缩）	
	4	信息安全技术（定义、风险及防范、病毒及防范、加密技术）	
	5	信息科学前沿（云计算、传感网、人工智能、数据挖掘、机器学习）	

专业能力（65%）略

3. 自适应测试与计算机自适应测验

自适应测试作为考试的一部分被作为一种测试计算机应用能力的手段而广泛应用。随着计算机的不断发展与应用的不断深入，考试对自适应测试要求也越来越高。从我们通常采用的传统笔试考试（P&P）以及平常依赖计算机的考试（Computer Base Test）到现在推行的计算机自适应测验（Computer Adaptive Test，简称 CAT），考试的客观性和准确性在很大程度上不断得到改进和提高。在 20 世纪初期的法国比奈智力测验中，产生了自适应测试（Adaptive Test），其目的是匹配考试成绩与考生能力的测试。进行测试的时候，以考生的作答情况作为参考，选取和利用在考生能力范围的题目，能够在最短的时间内准确地测量出来考生的知识和能力水平。当今计算机技术进行不断革新，计算机完全可以控制和推行自适应测试的过程，计算机自适应测验于 1971 年由学者 Lord 提出，此后在美国各地发展相当迅速。

对于每个学习者甄选出不同的问题来进行测验，而不是对于所有人都考一样的测试题，这就是所谓的计算机自适应测验（CAT），即基于先前学生回答问题情况，选择下一道试题。这就达到了每一步的自适应性。CAT 的设计依赖两个标准：终止标准（比如问题的数量）和下一个问题的选择标准。当终止标准不符合时，根据下一个问题的选择标准选择问题（选择的问题需要尽最大可能地覆盖学生的能力或者知识点）。Lan 等人（Lan，2014）证明了在同等预测精度的情况下，自适应测试相比于传统的测试只需要更少的题目。

这种性能的提升是非常重要的：对于系统来说，测试题越短越好，因为这样可以减小系统负担。对于学习者而言，也可以避免大量的题目带来的厌烦感。① 在现实生活场景中，需要关注如下几点：首先，算法计算的时间应该在一个合理的范围内，因此，算法的时间复杂度就很重

① Lynch and Howlin，2014；Chen et al.，2015.

要。其次，诊断的技能应该具备不确定性：学生可能下滑（slip），即因为粗心或者意外造成的做错试题。学生可能猜测（guess），即学生本不会做该题，但可以随机猜测题目的答案。这也是自适应诊断不能在学习者的能力上进行简单的执行二分搜索，也就是说学习者可能回答对复杂的试题，但回答不对简单的。

（二）文件筐测验

在干部的晋升考试中，我们经常用的一种测验方法叫文件筐测验（也叫文件处理测试、IN BASKET、EMAIL BOX），是一种情境模拟的笔试方法，假设被评价者已经担任某一职位，需要在规定的时间内处理一些文件或解决一些问题，并说明处理或解决事项的理由。在评价中心技术中，文件筐测验是一种常用的核心技术。但是在一些并不具备建设评价中心的条件下，不拥有相关技术人员和主试的企业里，文件筐测验的应用并不广泛。原因在于，文件筐测验的设计、命题、评价都是难点。对于很多被评价者来说，也会感觉文件筐是一种较难的考试，并难以理解文件筐考试最终评价的公平性。

在人社部组织的职业资格考试中，一级（高级）人力资源管理师就采用了这种方式。大家可以先感受一下：

咸阳本享农业产业集团有限公司是国家级农业产业化重点龙头企业，全国百强养殖企业，陕西省高新技术企业。公司以“标准化生产、服务三农、健康为民”为宗旨，通过“安全饲料生产、优良种猪繁育、商品猪养殖、安全猪肉加工、冷链配送连锁专卖”五大环节，建成了“从源头到终端”完整的安全猪肉产业链，形成了有本享特色的运营管理模式。公司生产的安全冷鲜肉系列产品被评为陕西省名牌产品，“bexun 本享”商标是陕西省著名商标。本享获得的荣誉有：国家级农业产业化重点龙头企业；国家现代生猪体系试验站等。

本享集团是我国西北地区养殖规模领先的企业；国内单体猪场母猪存栏育肥猪出栏数量最大的企业；国内首家西北地区唯一一家全产业链运营企业；国内养殖场设备设施最先进的企业。本享在西北地区主要的竞争对手是渭南雨润集团公司，两家公司共占有西北地区75%以上的市场份额。过去，两家公司的竞争实力差距比较大，占有的市场份额也相对稳定。但是在去年，雨润集团开发了新产品，延长了产业链，在产品销售上更加注重不同用户的营养观念，而且抓紧乌克兰危机，欧洲国家对俄罗斯制裁，大量向俄罗斯出口肉制品。两家公司差距瞬时缩小。当前咸阳本享占西部地区40%左右的市场，而渭南雨润占有35%左右的市场。咸阳本享高层逐渐意识到，市场开发不足、供应链不能应对国际市场的变化，农产品套期保值未开展，受市场波动较大。两个月前，为了改变公司的现状，董事会特地聘请了一位新的总经理丁磊，他在IT业有丰富的国际管理经验，将作为公司战略变革的主要推行者。董事会对新来的总经理的工作非常支持，多次要求公司的各级管理者尽可能配合丁总的工作。

你（陈天桥）是该公司的人力资源总监，直接主管是公司总经理丁磊，你在公司总部有5位直接下属，分别是劳动关系经理、招聘经理、绩效经理、薪酬经理和培训经理，另外在13家分公司分别设有人力资源经理和助理各一名。

现在是2015年5月14日上午9：10，你刚刚参加完3天的封闭会议归来，到办公室处理累积下来的电子邮件和电话留言等信息文件，11：20还有一个重要的会议需要你主持，因此你必须在2小时10分钟内处理好这些文件。在这段时间你可自由支配，无人打扰你。好，现在可以开始工作了！

【任务】

请你查阅文件筐中的各种文件，并用如下文件处理列表作为样例，给出你对每个公文的处理思路，并作出书面表述。

具体答题要求是：

1. 请你给出处理问题的思路，并准确、详细地写出你将要采取的措施及意图。

2. 在处理文件的过程中，请认真阅读情境和十个文件的内容，注意文件之间的相互联系。

3. 在处理每个具体文件时，请重点考虑以下内容：

（1）需要收集哪些资料；

（2）需要和哪些部门或人员进行沟通；

（3）需要你的下属做哪些工作；

（4）应采取何种具体处理办法；

（5）你在处理这些问题时的权限和责任。

4. 问题处理可能出现不同的结果，这种情况下要针对各种情况给出相应的处理办法。

【处理列表示例】

公文处理表

【文件一】

类　别：电子邮件

来件人：李一宁　招聘经理

收件人：陈天桥　人力资源部总监

日　期：5 月 11 日

陈总：

我最近统计了今年 1—4 月员工离职情况，虽然还未到半年汇报的时间，你教导我们及时发现问题，做一个有心人。员工离职情况比较严重，尤其是畜牧兽医技术员，所以提前向你汇报。由于经济不景气，生猪产量过剩，公司业务下滑，发展趋势不容乐观。与去年同期相比，公司的总体离职率由 2% 增至 6%，核心技术人员的离职率由5%增至15%，而高级技术人员的离职率更是达到了历史的最高点，为20%左右。此外，公司工作5年以上的销售人员的离职率也明显上升。我在离职访谈中，大部分离职人员都称是家庭问题，或者身体健康状况等方面的原因，但我与助理对部分离职员工进行了座谈与走访，他们的说法大都不成立。我们集团的养殖技术代表西北地区水平，如果高级畜牧技术人员离职再就业，他们很有可能就是去了渭南雨润集团公司，我让助理私下对离职员工再就业进行了跟踪调查，大多正如我的推测。你知道当前养猪行业整体疲软，市场竞争激烈，越是这个时候我们越要留住核心员工。否则，我们很难走出市场的萧条。由于产生员工离职的因素复杂，情况也比较紧急。我衷心希望你尽快安排时间，咱们就这一问题讨论。谢谢！

【文件二】

类　别：电子邮件

来件人：严凤霞　培训经理

收件人：陈天桥　人力资源部总监

日　期：5月11日

陈总：

我们公司5月8日早上7时多，一辆载有上千公斤冷鲜肉，车号为陕E744××的冷藏车，在兴平市东五路本享专卖店门前正准备卸肉时，被兴平市商务局稽查大队要求对该车配送的冷鲜肉进行检查。这辆冷藏车随即被开往兴平市一肉联厂进行检查。经过检查后认为，肉品三腺（甲状腺、肾上腺和病变淋巴结，由于其中含有大量的内分泌激素和病原微生物，对人体的危害极大）未摘除干净，部分肉品要进行无害化处理。上午9时许，兴平市商务局对本享兴平分公司相关人员进行了询问。询问笔录上兴平分公司齐源经理签了字，承认肉品三腺未摘除干净。兴平市商务局称，按照规定，要作出5万—10万元罚款。我以为出现此问题，并给公司带来重大的损失，产生极端的影响，必须对质监部门的员工与各分公司的经理进行《食品安全法》培训。通过培训改变质监部门与中层管理者的质量安全意识，进而在绩效考核上增加食品安全的考核指标。以上是我一些不成熟的想法，你看，我们是否有必要制定培训与考核方案？你什么时间方便，请与我联系，谢谢。

【文件三】

类　别：电子邮件

来件人：王平安　生产部陕南片区经理

收件人：陈天桥　人力资源部总监

日　期：5月11日

陈总：

我代表生产部陕南片区向人力资源部申诉，并请报告公司的管理层。年初公司下达了开辟新的生产基地，并与我们部签订了责任书。责任书中规定，如果我们能在今年3月前完成基地的建设并投入运营，公司会给基地建设参与者共计10万元的奖金。对这个项目，我们片区全力投入，在2月底公司叫停此项目。同志们心有怨言，基地前期建设的合作单位对公司也有看法。

陕西省西乡县是全省商品粮基地县、高优高农业示范县、牧草综合开发示范县、瘦肉猪基地县。西乡县生猪养猪大县，当地群众在生猪养殖过程中普遍存在着管理水平差、饲料转化率低、饲养成本高、饲料品牌多乱、药品杂、劣质兽药充斥市场、种苗质量混乱、饲养管理不规范、买卖难、结账难等诸多问题。我们建立生产基地有良好的基础，完全可以运用“公司+基地+农户”的模式。既为当地村民带来收入，又为公司开辟有基地，扩大养殖规模，提高市场占有率和效益。

公司突然叫停了这个项目，是因为“猪周期”，市场波动过大。我们片区的同志认为这是公司的问题，应该算我们任务完成。同时，我们可以通过冷冻技术延长鲜肉使用期，也可以在农产品市场做套期保值。这件反映出我们领导层对市场的把握，政策制定不成熟，不能让员工承担责任，其实，这并不完全是奖金的问题。陈总，什么时间有空？我希望能与你面谈，请你尽快安排。谢谢！

【文件四】

类　别：电子邮件

来件人：张小兰　薪酬经理

收件人：陈天桥　人力资源部总监

日　期：5 月 12 日

陈总：

前几天和朋友喝茶聊天，这几个朋友大多为公司的技术人员，他们有着丰富的工作经验，但谈到个人的薪酬时总是发出感慨。按常理，他们作为我们单位待遇最好的部门，相比之下薪酬应该人人满意、个个知足。不曾想他们还有这样的难言苦衷。他们认为我们公司总经理薪酬水平仅仅是公司最低等级岗位薪酬水平的 6 倍，远远低于行业平均 12—15 倍的倍差。这样的薪酬体系必然导致低等级岗位的市场水平处于较高分位（如跟随市场中间水平，处于 50 分位），而随岗位等级的提高，其薪酬水平反而下降至较低市场分位（如处于 25 分位，甚至低于 10 分位）。也就是说，高等级岗位薪酬水平的市场偏离度大，薪酬满意度低，低等级岗位薪酬水平的市场偏离度小，薪酬满意度高，出现通常所说的“想留的留不住、不想留的又不走”。可见，薪酬支付的重心要明确地集中在高价值等级的岗位群上，即所谓“好钢要用在刀刃上”。当前，我们必须为公司制定有吸引力的薪酬曲线，提高公司的市场竞争力。希望你尽快安排，抽空咱们一起详细讨论讨论。

【文件五】

类　别：电子邮件

来件人：梁大亚　生产一部经理

收件人：陈天桥　人力资源部总监

日　期：5月12日

陈总：

目前拥有员工2000多人，年产值5个多亿，产品线覆盖高中低端西北部市场。但自2013年下半年以来，生猪行业投资放缓，猪肉的消费量严重萎缩，养猪企业产能过剩，竞争日渐加剧，原材料价格大幅波动，集团公司提出了"抓市场、防风险、提质量、降成本、调结构、增效益"十八字经营方针，同时大力实施人才兴战略，优化人力资源管理。咱们公司2013年已通过与咨询公司合作建立绩效薪酬管理体系，经过两年的运行绩效体系存在的一些问题亟待解决，因此希望再次邀请咨询公司进行绩效方案的优化。你看是否有必要？什么时间我与你沟通，共同制定方案。请你方便时安排时间和我详细讨论。

【文件六】

类　别：电子邮件

来件人：韦一航　人力资源部经理

收件人：陈天桥　人力资源部总监

日　期：5月12日

陈总：

全球经济低迷，影响我们公司的发展。人力资源部应该吸纳英才为我公司所用。在这种情况下，你看我们怎样留住英才？怎样培育具有国际市场与金融期货的人才，以配合我们公司的国际化占率。希望陈总能尽快安排时间，我们商议此事。谢谢！

【文件七】

类　别：电子邮件

来件人：王大旺　培训主管

收件人：陈天桥　人力资源部总监

日　期：5月13日

陈总：

近日，本享集团旨在“培养领军人才，打造全产业链”晨光计划典礼在白鹿原书院举行。集团董事长、晨光计划班主任刘永好向晨光一期学员颁发毕业证书与毕业纪念——“忠良剑”。知名人才测评机构——诺姆四达集团董事长苏永华博士应邀出席典礼并就领导力培养发展等主题与学员互动交流。这项活动旨在加速青年人才成长、完善人才培养体系的“青苹果、金苹果”后备人才培养计划。同时，我们运用诺姆四达通过科学人才测评技术，根据评估结果为本享集团选拔了一批高素质、高潜质的专业技能、国际化等后备发展领军人才。关于测评效果我觉得有必要向你汇报，同时，公司用人政策可能得调整。你有空联系我，咱们见面讨论。谢谢！

【文件八】

类　别：电子邮件

来件人：范伟　行政办副主任

收件人：陈天桥　人力资源部总监

日　期：5月13日

陈总：

今年年初，由于新业务拓展，招聘了很多员工，座位已经不够坐，有的部门甚至搬到了会议室办公，而公司总部所在的办公大楼也已经没有了空余的楼层可租。由于公司的租约将在12月到期，物业提出如果续约的话，就要增加租金。

几番商讨之后，公司决定搬家。这个项目自然是由行政办承担，而有着多次搬家经验的我负责主持搬家的具体事宜。我通过代理找新的办公大楼，谈论租金、申请搬家费用、搞设计招投标、与设计公司确定公司的装修风格、房间大小、办公间的尺寸……事无巨细，都和顶头行政办主任仔细商量。

结合以往的经验，我知道公司总监级别的高级主管都必须有房间。但是行政办主任告诉我，搬家的预算有限，公司所租的面积不能太大，因此房间的数量都必须缩减。我依据公司必须搬离老办公楼的底限时间，决定在4月开始按照设计图纸开始装修，但此时，意外发生了。装修前，行政办主任向刘永好董事长汇报新办公室装修设计图。刘董一看设计图纸，就很不满意，说："我们有4个总监、21个经理，他们都必须有单独办公室。"陈总，我该怎么办？什么时间你有空？我向你请教解决方案。谢谢！

【文件九】

类　别：电话录音

来件人：关少白　物流部经理

收件人：陈天桥　人力资源部总监

日　期：5月13日

陈总：

员工B现任咱们集团公司市场一部经理，2006年入职员工B在公司约八年的工作时间，共升职5次，加薪7次（每次加薪幅度均在1000元以上），降职2次，降薪3次（每次降薪幅度均在300元以内），从初级销售代表到市场一部经理，现在管理公司约13%的市场业务。

他的加薪并不是因为能力有多大的提升，而在于董事长认为市场部对公司的发展太重要，不能轻易换人，对他的每次加薪都因他以一定的要挟手段来进行的，不然就让你的市场造成临时的混乱，董事长不想在业务上有任何的损失，于是就步步退让并加薪。尝到甜头的他就一次次地扩大自己的领域，步步为营做到了今天，其他的几位营销部门经理也用了雷同的手段而不断获得升职加薪的机会。

现在老板虽然已意识到某些问题，但依然是因为怕市场份额的失去，而更加不敢对他们“有所作为”，只能痛苦地继续退让着。还得更加重用他们、保护他们。若公司再这样下去，我们物流部的很多员工都准备辞职，公司加薪不公平，也没有前景。你什么时间有空？我想面谈自己的想法，也把我们五个人的辞职报告送给你。谢谢！

【文件十】

类　别：电话留言

来件人：詹　宏　战略发展部总经理

收件人：陈天桥　人力资源部总监

日　期：5 月 13 日

陈总：

企业作为以营利为主要目的的组织，人是企业发展的关键要素，战略性人力资源管理需要平衡多个利益相关者的关系，实现组织的战略。当前各方面关系出现失衡，若某一方面利益受到损害时，则会对企业的长期发展带来负面影响。人力资源部要改善员工的工作生活质量，作为平衡利益相关者的一个重要课题之一，你们应该给予更多的关注。

人力资源部作为人力资源管理专业工作者，如果发现员工在工作过程中表现出的“不健康”的行为，则首先要对人力资源管理体系进行评估，检讨在工作设计、职业生涯管理、薪酬、福利等工作生活质量重要影响因素的决策与实施的合理性，同时识别员工的潜在需求，制定有针对性的策略，与直线经理共同执行。并为直线经理提供专业指导。你什么时间有空，我想与你就该问题进行讨论，以便咱们公司制定出具有竞争性的人力资源战略。谢谢！

1. 设计文件筐测验

开始看看我们要通过文件筐测验考察什么能力要素吧。一般情况下，文件筐测验考察的是分析问题的能力、统筹计划能力、组织协调能力、洞察问题和判断、决策能力、任用授权能力、指导控制能力，同时，因为文件筐测验往往可采用拟聘任岗位的真实的案例进行编制，所以对于专业能力也可以很好地考察，譬如上述一级人力资源管理师的考试，其主要目的是为了考察人力资源从业者对人力资源这一职业的理解、应用与实践。

2. 案例收集的方法

（1）关键事件记录法

关键事件记录法是人力资源管理中分析人员向工作者询问一些问题以了解其对于解决关键事件所需能力和素质，还可以让工作者进行重要性评价的一种收集职务信息的方法。关键事件是使工作成功或失败的行为特征或事件（如成功与失败、赢利与亏损、高效与低产等）。关键事件记录法要求分析人员、管理人员、本岗位人员将工作过程中的“关键事件”详细地加以记录，并在大量收集信息后，对岗位的特征和要求进行分析研究。

（2）特殊重大事件收集

收集时应注意收集成功的经验性案例、对企业文化有影响的事件、客户投诉和造成公众影响的事件、已有研究结论的典型案例。

（3）请一线员工协助收集

公司可以请一线员工填写如表 4-2 所示的案例收集表，从而帮助实现案例收集。填写下表时应注意，案例分类可分为服务类、制度类、业务类、技术类、投诉类、咨询类、反馈类等，要详细描述事件或问题、产生原因、处理方法和处理结果，并且要进行事后分析，或提出相应思路。

表 4-2 案例收集表

部门		收集时间		整理人	
案例类型	□成功经验分享 □出现的问题 □经验教训 □其他				
案例详细内容（可另附纸）					
人力负责人签字					

3. 文件筐题目设计

根据考察维度选取相应的案例，进行题目思路设计。第一，应该设定好情境的主角，即是谁提出的问题；第二，选择提出问题的方式，比如来电、来函、传真、邮件、正式传达的文件、洽谈事项的信件等；第三，设计好矛盾冲突，即题目的难点与重点。

做好上述思路设计后，根据提前设定好的情境进行题目的拟写。要求符合常理，格式尽可能真实。逻辑要合理，要注意情境中时间的设定，不能在题目中自相矛盾。形式尽可能多样化，不要出现十份文件全是通知的情况。

【模拟情境】

现在是 2017 年 7 月 17 日上午 8：30，你作为非油销售分公司的项目主管，来到办公室开始工作。现已将你需要处理的信件、便函、邮件和电话录音整理完毕，放在了公文筐内。由于 150 分钟后还有一个重要的会议需要你参加，所以你要在这 150 分钟内处理好所有文件，给出处理意见并注明理由。

在这 150 分钟里，你已推掉了所有的事务以免有人来打扰你，请你查阅公文筐中的各种信件、便函、电话录音及 E-mail，判断每个文件的重要性和紧急性，并给出你对每个文件的处理意见和理由，转交相关人员。

请你注意，你的身份是非油销售分公司项目主管李沁，时间只有150分钟，请你尽快进入角色，并祝你工作愉快。处理文件时，请你务必注意：

文件是随机排列的，你可以自行根据需要决定文件阅读和处理顺序。有的文件需要按照特定要求给予回答；有的则要给出自己的处理意见、工作思路等（具体见题本中的每个问题）。

你需要在规定时间内处理完所有的文件，并对后面的问题给出自己的回答。

文件一

李主管：

你好！昨日，某粮油产品供应商，因原材料成本上升，要求对旗下产品涨价，但该产品销量占该同类产品销量的一半左右，请问我们该如何应对？

业务运作部

7月17日

应对措施：

工作思路：

文件二

李主管：

你好，由于昨夜大雾，所有进太原方向的高速公路暂时不能通行，到今天中午可能有所缓解，目前所有物流配送车辆不能按时进行配送。

针对上述情况，应采取哪些措施，请你指示。

业务运作部

7月17日

应对措施：

工作思路：

文件三

李主管：

你好，目前我们在站内广告的投放形式已经执行了较长时间，我们想对目前的投放方式进行优化，所以希望进行调研，但对于调研方式和经费方面请你指示。

新项目部

7月17日

工作指示：

工作思路：

文件四

李主管：

你好，为拓展我们的经营服务范围，扩大品牌影响力，我们想尝试一次进社区销售非油产品的活动，你觉得是否可行，请指示。

业务员小张

7月17日

工作指示：

工作思路：

文件五

李主管：

你好，昨天，业务运作部小黄在与客户洽谈业务时，与客户发生言语冲突，客户随后打电话到公司准备取消原已谈妥的采购单，该客户是公司的老客户，每年采购量都很大，因此特向你汇报，请你指示。

业务运作部

7 月 17 日

工作指示：

工作思路：

4. 公文筐测验的评价标准设计

根据要考察的能力要素建立评价标准体系。

从能力角度进行评分可参考表 4-3。

表 4-3　评分标准

考　号		竞聘岗位		
测评要素	胜任素质定义		满分	得分
人际关系能力	运用数据、事实等直接手段，或通过人际关系、个人魅力等间接策略来影响他人，使其接受自己的观点或使其产生预想行为的能力		20	
开拓创新能力	根据确定的目标与需要，灵活地、创造性地运用已知的一切知识与信息提出某种具有见解独到的、新颖的、具有开拓性的精神产品或物质产品的能力		10	
解决问题能力	能觉察问题的起因，提出解决问题的有效措施并付诸实施，即使在情况不明朗时也能及时果断地做出决策		20	
服务意识	有帮助或服务客户的愿望以满足他们的要求，即专注于如何发现并满足客户的需求		20	
执行能力	能够有效组织各类资源，通过说服、协调等方式得到相关部门或人员的支持，以使做的计划能够顺利推行下去		15	
业务能力	从事业务的人员在完成业务活动的过程中所具备的综合能力体现，是客户对业务员的主客观认知与认可		15	

（续表）

<table>
<tr><td>考　　号</td><td></td><td colspan="2">竞聘岗位</td><td></td></tr>
<tr><td>测评要素</td><td colspan="2">胜任素质定义</td><td>满分</td><td>得分</td></tr>
<tr><td>扣分项</td><td colspan="2">字数过多或过少，扣 1 分
每个错别字，扣 1 分，最多扣 10 分</td><td></td><td></td></tr>
<tr><td colspan="3">合　计</td><td></td><td></td></tr>
<tr><td>测评人员评语</td><td colspan="4"></td></tr>
</table>

（三）情境判断测验（SJTs）

情境判断的方法国外学界也认为较零散，不够系统，但国内最近在应用上有较好的探索。宝洁公司、中国银行都在 SJTs 上有所应用，端若也在中石油、建工集团等单位的人才测评考试中做了一些尝试。

1. 定义

情境判断测验是心理测验的一种特定测验类型。"情境"即做测验的过程也就是利益相关者（stakeholiers）之间的一种"对话"；Hastie 和 Dawes（2001）把判断定义为"人类推断、估计和预测事件特征的能力"。情境模拟判断就是设置一个实际工作（生活）的情境，提供几个解决这一情境条件下具体问题的可能产生的行为反应，要求被试者针对这些行为反应进行判断与选择。

SJTs 的理论基础为多元智力理论、成功智力理论、情绪智力理论、测量理论、情境认知理论、行为一致性原理、内隐特质理论、胜任力、特征激活理论和关键事件技术。

情境模拟判断的方法有主题专家法和档案记录法两种。

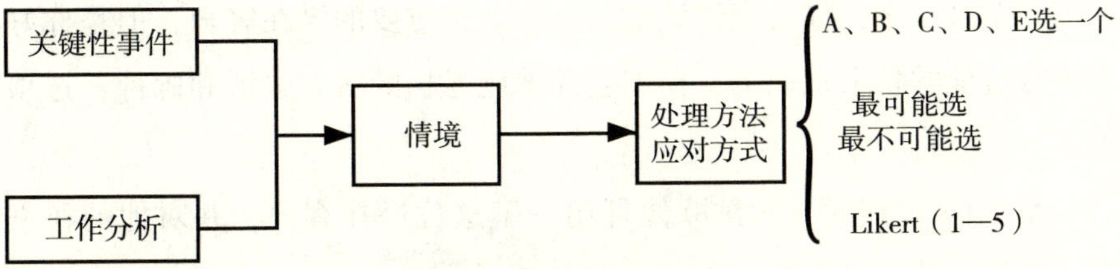

图 4-2　情境模拟判断

2. SJTs 的设计

在设计 SJTs 时首先要设计的是情境。情境设计中要考虑到我们要考察的胜任素质能力，设计的情境中应该有矛盾冲突和不确定的事项，其次是反应策略。反应策略的来源包括案例里面的真实反应策略、可能发生的反应策略和会造成严重后果的反应策略。

3. SJTs 的赋值与评价

SJTs 的计分一般是通过将求职者的回答与专家的判断进行比较而得出，主要有以下两种情况。

（1）最好的、最差的

你和来自另外一个部门的小李共同负责协调一个涉及两个部门的项目，但是小李却没有履行他那部分责任，你将会——

最好的____　　最差的____

A. 与你的经理商谈此事，请他向这个人的经理提出这个问题。

B. 提醒他，你需要他的帮助，如果没有来自你们两个部门的整个团队的努力，该项目将不能有效完成。

C. 告诉他，如果他不做他自己的那部分工作，你也不会一个人做全部工作，如果他不开始多做点，你将不得不把此事提交他的经理。

D. 试图弄清他为什么没有尽其职责，并向他解释，如此将会使自己增加很多工作量，从而使得该项目更难以完成。

E. 从他的部门另外找一个人来帮助完成项目。

（2）A、B、C、D、E、F→1、2、3、4、5、6

几个月以来，你一直尝试邀约一个非常重要的潜在客户，但是你好像很难过他的秘书这一关，秘书会筛选她老板的所有电话和邮件。选项如下：

A. 当你顺路时，尝试顺便拜访一下这位潜在客户，并对他的秘书说，你将会等到见到他为止。

B. 拟采用外交辞令的方式告诉这位秘书说，是她的老板，而不是她，应该决定是否会见你。

C. 给这位潜在客户写一封秘密的或私人的信件，解释一下这种情况。

D. 当秘书不在时，尝试在早上或晚上，想办法接近该潜在客户。

E. 尝试通过做一些不寻常的事情引起这位潜在客户的注意，例如，给这位老板送花、特别展览的门票或演唱会的门票等。

用以下量尺评估以上每个选项：

6 = 高度有效

5 = 中等有效

4 = 稍微有效

3 = 稍微无效

2 = 中等无效

1 = 高度无效

中国政法大学伍凌波同学设计了有关心理测验的情境模拟判断，展示如下：

你的一位来访者与你聊天的时候尝试着敞开他的心灵，告诉了你好多压抑在他心底的苦恼和创伤性事件。说着说着，来访者失控地哭了出来，结果却发现平时放纸巾的盒子是空的，纸巾刚好用完了，你也没带手帕，这时候你会怎么做？

【考查特征：支配性（在咨询中，主动的控制咨询方向与内容，而不是被动地跟随来访者）】

阅读以下四个选项，选择一个你认为最好的。

A. 不去理纸巾的事了，而是鼓励来访者表达自己的情绪，引导来访者把此时的感受告诉咨询师。

【得 3 分，因为咨询师没有因为来访者哭了就惊慌失措，而是冷静地意识到了“机会”：哭泣通常意味着进入了深层次的感情领域，这个时候促使来访者分析自己的情感往往是十分有效的咨询。】

B. 赶紧去厕所找一些纸巾或者去隔壁房间借纸巾，先解了燃眉之急，然后再诚恳地向来访者道歉，并保证绝对不会再有这样的失误了。

【得 2 分。虽然很诚恳，但是没有抓住分析来访者心理的时机，说明支配性低。但是这样处理的好处是建立较好的资访关系，来访者可能会感受到咨询师诚恳的关心，因此这是次好的选项。】

C. 不去理纸巾的事了，而是努力安慰来访者，帮助他评定情绪，从阴影中走出来。

【得 1 分。只是安慰，这种行为其实与来访者一个普通朋友能做的事没有什么不同了，仅仅比 D 好一点。】

D. 赶紧去厕所找一些纸巾或者去隔壁房间借纸巾，然后不动声色地把纸巾递给来访者，假装什么都没有发生过，继续你的咨询。

【得 0 分。咨询师没有尽到帮助来访者的职责，反而固执己见，不承认自己的错误，这种行为和心态很可能会破坏资访关系，对来访者造成负面影响】

提供 FBI 特工选拔过程中的一个样题。

当你购物时，发现一个人正在抢劫商场，你将会怎么办？

① 尽快离开这个商场，并打电话报警。

② 你尝试着自己捉拿这个抢劫者。

③ 跟踪这个人，一旦发现他/她在某地落脚后，就打电话报警。

④ 什么也不做，因为你不想卷入这件事情。

如何判定得几分呢？最常用的方法是德尔菲法，即采用背对背的通信方式征询专家小组成员的预测意见，经过几轮征询，使专家小组的预测意见趋于集中，最后做出符合的预测结论。[①]

二、专业题库建设

题库建设是各类考试测评的基石，其质量关系着考试测评的整体质量，关系着企业人才培养的质量，关系着整体企业改革的成败。

专业题库建设的步骤如下所示。

（一）明确专业目标

根据胜任素质确定题库建设的专业及目标。

（二）确定专家组

根据已确定题库目标，选定考试测试指标专家、组卷算法专家及拥有专业技术的专家、软件工程师和相关工作人员。

（三）拟写、审定考试大纲

专家组根据要求，编写考试命题大纲或标准。大纲应阐明考试方式，试卷结构，组卷原则、形式；设计试题库的结构、容量，提出命题原则。

（四）编写试题

专家组人员按照课程考试命题大纲分工负责。出题时，应题意明确、语言精练、文字通顺、打印清晰、配分点合理、相同题型测试题目

① 杰夫·A. 威克利、罗伯特·E. 普劳哈特著，罗玉凤、李婷玉等译：《情境判断测验：理论、测量与应用》，复旦大学出版社，2013 年 4 月。

之间具有等值性。编好的题目要由课题小组集体审定、筛选，由课题组长按命题大纲规定的原则、设计的题库结构，选配组成初级题库。具体包括知识单元、知识点、知识点的重要性等级、题型、题分、能力层次、试题正文、答案、评分参考等。

试题一般有 7 种题型，包括填空、判断、单选、多选、简答、论述、操作题。

其中前 4 种题型是客观试题，考核基本知识点的掌握情况。

后 3 种题型是主观试题，能动性大，主要考核应试者的分析的能力。组卷时根据考试的性质可适当调整题型比例。

评分标准及答题要求：

1. 填空题：每题×分，计××分。

2. 判断题：每题×分，计××分。

3. 单选题：每题×分，计××分。

4. 多选题：每题×分，计××分。

5. 简答题：×个题，计××分。要求回答出知识点后，举例说明。

6. 论述题：1 道题，3—4 个小问题，计××分。案例分析是给出实际案例，不仅回答出相关知识点，得出结论，并分析原因，在此基础上提出自己的见解或对策。

7. 操作题：1 道题，计××分。应包含操作方法全过程：目的及适用范围、原理、设备、操作步骤、结果计算或结果处理等。

在编写试题时，把试题难度分为四个等级，即易、较易、较难、难，A、B、C、D 四个层次，难度系数依次为 0.9、0.75、0.5 和 0.3，占分比例为 3∶4∶2∶1（或 2∶3.5∶3.5∶1），全卷难度控制在 0.7 左右。试题的难度由命题者根据经验拟定，待以后根据考试成绩的统计分析结果加以修正。

试题命题时应分小组命题，按专业章节下达任务。

1. 根据培养大纲，拟定知识要点；编写的知识要点要覆盖整门课程；要分章编写知识点。

2. 以章为单位，构成试题库的子集。原则上要求每章都涵盖 7 种题型。

3. 审题专家审题。

命题专家要求是相关科目、专业领域的专家，他们一般都熟悉本专业知识和技能，在学术界享有一定的声望。同时还应具备以下条件：（1）必须具备高级职称，即具备副教授、副研究员以上职称；（2）必须具有从事命题工作的丰富经验。

（五）组成试题

组配试卷是试题库建设的一个关键环节。组成的试卷要符合命题大纲设计的试卷结构，要使每份试卷的题量、覆盖面、难易度、区分度、信度、效度以及题型比例符合大纲要求。

组卷的基本方法是按照试卷结构要求，从题库的各类题目中按比例随机抽取，组成试卷，并制定控制重复同一题目的方法。组卷后均要有更新已重复出现过的试题的办法，要有保证基本信度的容量，要有能控制试卷难度、层次的办法。

（六）题库系统软件

题库系统软件可以自己设计，当然也可以向专业人士购买。

第五章

面试方法的设计与应用

人生若只如初见，何事秋风悲画扇。

——纳兰性德

在面试中，甄选者与应聘者大都是初次见面，而面试的时间又往往只有半小时左右，甚至更少，那么在如此短的时间内如何对以下问题得出结论呢？

应聘者的能力如何？

应聘者性格怎样？

他们会以一个什么样的工作态度投入到工作中去？

如果我录用了他们，他们在新的岗位上的工作绩效会如何？

以上问题完全不能通过目测或者聊一聊得出结论，所以通常我们听到下面这些话就都是神话了。

“我看一眼就知道这个人很厉害。”

“我一看他就不行。”

“我们聊得很开心，这个人真的很厉害。”

“我看人一向很准。”

“那个地方的人都是那个样子。”

“长这么帅的人一定很聪明。”

……

通过上面的这些话，你可以轻松地区别出一个人是否是专业的人力资源管理人员。首先，你要认识到，如果没有方法与工具，你是做不到半小时了解一个人的。其次，我们所进行的面试真的是一种“神奇”的方法。它可以让我们通过半小时甚至更短的时间，较准确地评价一个人的能力并预测应聘者的绩效。

在第三章的评价中心技术预览中我们能看到面试有很多种方法，在这一章中我们将逐一探索每种方法如何使用及怎样设计。

一、面试基础理论

（一）人—职匹配（mating）原理

保持个体素质和能力与工作岗位要求的同构性，人尽其才，才尽其用。从本质和必然性上讲，个体差异的测量是不公平的。这是一种必然的事实，因为在雇佣的背景下，随机录用职位申请人只会导致人力资源和经济资源的滥用，这就要求尽可能地做到人-职的准确匹配。

（二）预期（prospecting）理论

在招募过程中，预期求职者今后工作绩效的方法，这是人-职匹配理论的纵深与延续。我们招募的目的，是寻聘适合岗位的员工，而员工今后的工作绩效表现，是我们最终的期望。于是反推，通过在招募甄选过程中对员工工作绩效的预期，使人-职匹配变得更为准确，保证组织效率。

（三）黑箱理论

就是将看不见、摸不到的系统内部状态的复杂对象看作一个“黑箱”，把外部对系统内部状态的作用看作是输入，而把系统内部状态对外部的作用看作是输出。将求职者的素质与能力看成“黑箱”，通过外部输入测评信息，则“黑箱”的反应则是输出信息，根据标准找出对应关系。

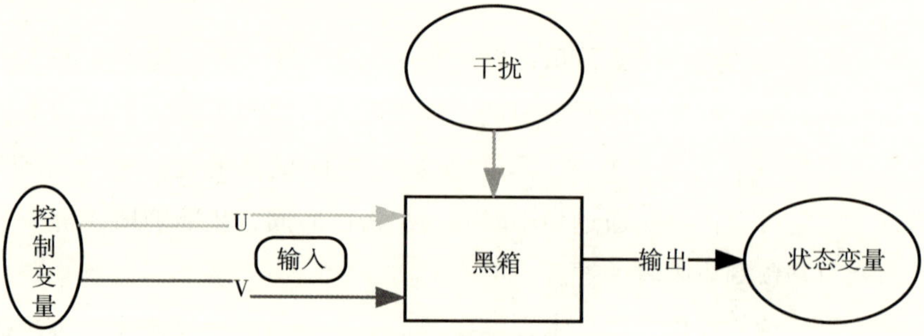

图 5-1 黑箱理论

面试所要考察的素质维度主要有决策能力、领导能力、执行能力、职业素养和学习发展。

二、面试方法的设计与应用

（一）结构化面试

结构化面试也称为标准化面试，是根据所制定的评价指标，运用特定的问题、评价方法和评价标准，严格遵循特定程序，对应聘者进行评价的标准化过程。经科学采样分析，结构化面试的公平性、信度、效度均要远远高于一般的非结构化面试。

如果将结构化面试这一名字做一个简单的理解，我们可将结构化三字理解为“标准化”，即从面试设计、面试实施的整体流程遵循标准化的流程，为应聘者提供标准化的情境，通过标准化的方式进行评分。但事实上，我们可以对“结构化”一词进行更深入的理解。结构是指系统中各个要素之间的相互联系、相互作用的框架。作为面试中最重要的要素——应聘者，是这一结构体系中的核心要素，我们试图构建围绕这一核心要素的框架体系。

为了得到职位，应聘者会努力修改、优化、掩饰真实的自我，这就构成了“黑箱”。面对人体这一最特殊也最复杂的一种“黑箱”，中医提出了“望闻问切”四步法，这就是一种结构化的方法。在面试中，我们也要采用结构化的方法。

首先，结构化面试是基于胜任素质模型的面试。对胜任素质的体系模型的构建是结构化面试的基石，否则，结构化面试就失去了面试的目的与方向。不指向胜任素质维度的面试题就不能称之为结构化面试题。

其次，结构化面试中构建指向能力的评分标准是结构化面试得以实施的前提与框架，这一部分即为结构中的“范式”与“原则”。区别于非结构化面试的印象评分法，在结构化面试中，需要有与考察的胜任能力维度相关的评分标准，建立在能力要素上，而不是建立在应聘者所答的内容上。

结构化的实施要遵循严格的流程，以保证信息的输入与输出过程是有效的。尤其是对于较大规模的面试来说，为应聘者提供相同的面试题目、情境、环境、评分标准、流程等是十分必要的。既保证公平，又有利于甄选者对应聘者进行对比，这样才能做到优中选优，提高面试过程的效率与效益。

1. 结构化面试的特点

（1）结构化面试的优点

结构化面试有很多优点，如内容确定、形式固定、便于考官面谈时操作；面谈测评项目、参考话题、测评标准及实施程序等，都是事先经过科学分析确定的，能保证整个面试有较高的效度和信度；对于有多个考生竞争的场合，这种面试更易做到公平、统一；更主要的是这种面试要点突出，形式规范，紧凑，高效，能更加简洁地实现目标。在比较重要的面试场合，如录用公务员，选拔管理人员、领导人员等，常采用结构化面试。

（2）面试测评要素的确定要以工作分析为基础

在结构化面试中，测评要素并不是随意确定的，而是在系统的工作分析基础上由专家研究确定的。面试的目的是将对职位更合适的应考者选拔出来，这种面试方法需要进行深入的工作分析，以明确在工作中哪些事例体现良好的绩效，哪些事例反映了较差的绩效，由执行人员对这些具体事例进行评价，并建立题库。所以，以工作分析为基础确定测评要素是结构化面试的重要特点。

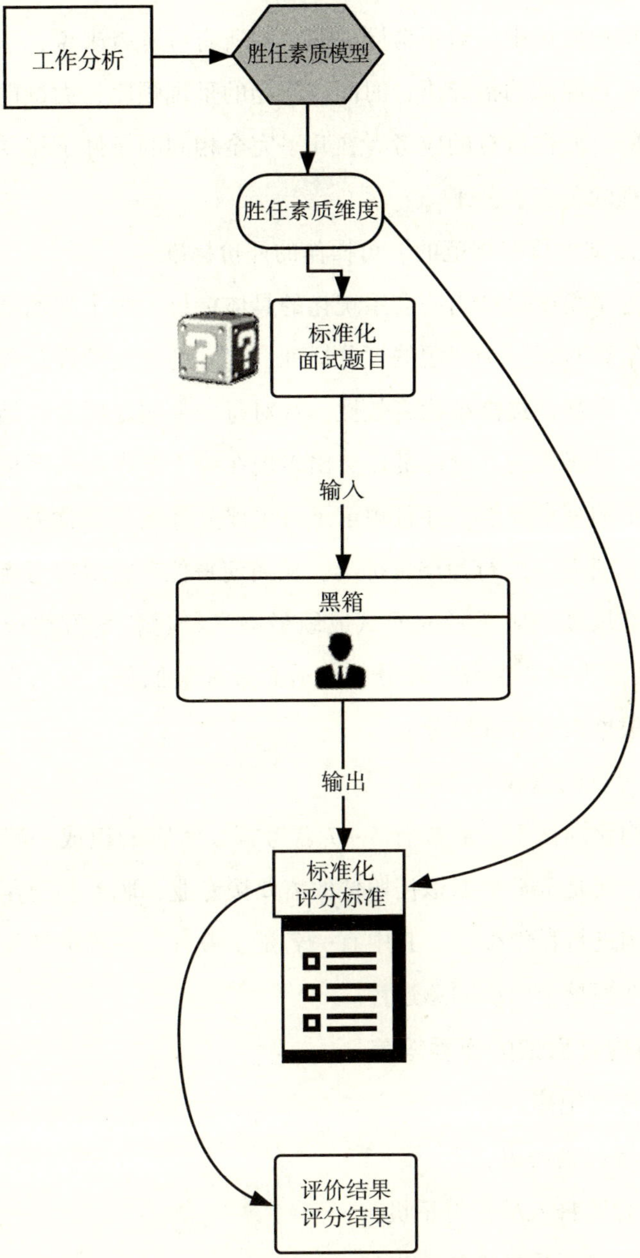

图 5-2 结构化面试流程图

（3）面试的实施过程对所有的应考者相同

在结构化面试中，对报考同一职位的所有应考者来说，不仅面试题目相同，而且面试的指导语、时间、问题的呈现顺序、面试的实施条件都是相同的，使得所有的应考者在几乎完全相同的条件下接受面试，保证面试过程的公正、公平。

（4）面试评价有规范的、可操作的评价标准

从行为学角度设计出一套系统化的具体标尺，每个问题都有确定的评分标准，针对每一个问题的评分标准，建立系统化的评分程序，能够保证评分一致性，提高结构有效性。针对每一个测评要素，结构化面试有规范的、可操作的评价标准。突出表现在每个要素都有严格的操作定义和面试中的观察要点，并且规定了每个评分等级（如优秀、良好、一般、较差）所对应的行为评价标准，从而使每位考官对应考者的评价有统一的标准尺度。应考者的面试成绩最终是经过科学方法统计出来的（对每个要素去掉众多考官评分中的最高分和最低分，然后得出算术平均分，再根据权重合成总分）。

（5）考官的组成有结构

在结构化面试中，通常有5—7名考官。考官的组成一般也不是随意决定的，而是常常根据拟任职位的需要按专业、职务甚至年龄、性别的一定比例进行科学配置，其中有一名是主考官，一般由他负责向应考者提问并把握整个面试的总过程。

2. 结构化面试的评委培养

（1）考官纪律

① 签署保密协议；

② 配合监督人员密封手机；

③ 请勿随意更换考场或串场；

④ 请勿在面试室吸烟。

（2）测评流程

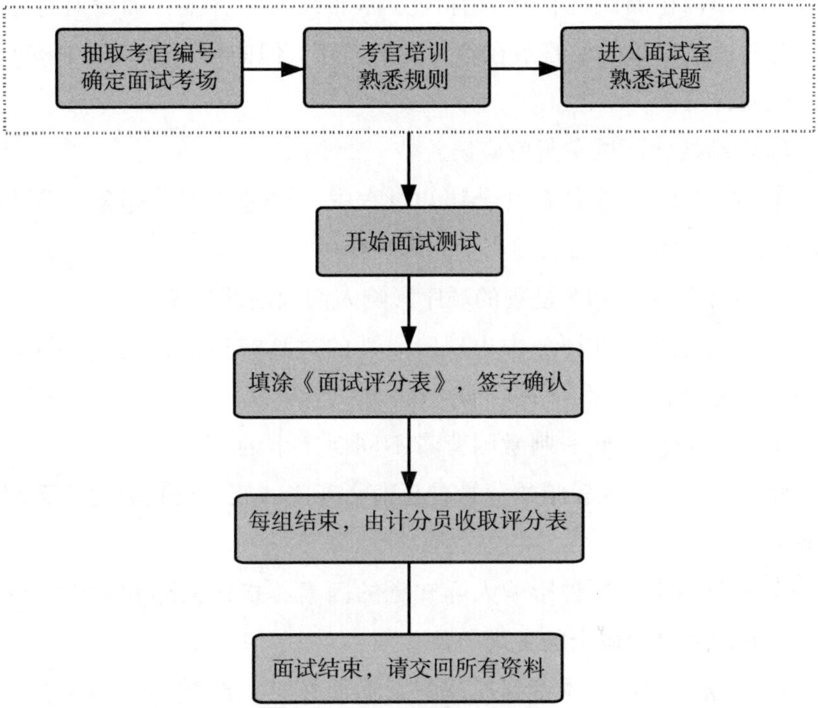

图 5-3　结构化面试的测评流程

（3）结构化面试技巧

① 0 干扰原则

结构化面试官不能受到任何面试对象回答内容之外的因素干扰。

② 0 暗示原则

结构化面试官不能对问题的回答做任何暗示或表示任何倾向性。

③ 机器人原则

结构化面试官必须严格按照问卷的问题进行提问，并在部分题目中按照一定的结构进行追问。面试官不能做任何的解释。

④“有罪推定”原则

如果不能完全确定面试对象的答案符合评分标准，则不给分！

⑤“答案不唯一”原则

所有结构化面试题目都只有评分标准或参考答案，而没有标准答案。有时面试对象的回答落在参考答案之外，但同样充分体现了该项资质，则同样得分。

（4）结构化面试主观效应误差

① 先入为主：个体在社会认知过程中，通过“第一印象”最先输入的信息对客体以后的认知产生的影响作用。

② 顺序效应：刺激呈现的顺序影响人们判断的现象。

③ 评分趋势：在评分中出现阶段性的过高或过低的趋势，从而导致误差的情况。

④ 对比效应：同一刺激因背景不同而产生的感觉差异的现象。如同一种颜色把它放入较暗的背景看起来明亮些，放入较亮的背景看起来暗些。

⑤ 光环效应：一种影响人际知觉的因素，指在人际知觉中所形成的以点概面或以偏概全的主观印象。

⑥ 从众效应：个体受到群体的影响而怀疑、改变自己的观点、判断和行为等，以和他人保持一致，也就是通常人们所说的“随大流”。

3. 结构化面试的设计

（1）结构化面试设计步骤

① 确定指标

确定指标的方法为岗位分析/建立资质模型，具体手段包括明星员工访谈、上级访谈、专家组、文献研究等。

② 设计问题

当你觉得缺乏灵感的时候，可以让目标职位上的员工谈自己的工作经历，从中发现素材。尽量让你的问题简单明了，每个资质的题数控制在 4—7 题。一次结构化面试的总题数不要超过 50 题。

③ 确定评分标准

评分标准必须既能体现资质，同时又是合理的答题途径。如果评分标准无法界定清晰，可以给出若干个参考答案。

④ 设计问卷和记分卡

编排题目的原则是混合编排。问卷的要素是指指导语、题号、题干、评分标准和参考答案。记分卡的要素有测评时间、测评对象姓名、测评师姓名、指标（资质）名称和定义、每个指标对应的题号、分数记录和其他方面的记录（语速、举止、表达流畅性、理解问题的速度等）。

⑤ 试测与修改

在使用之前，至少找一位内部员工进行试测，根据测试结果逐一修改难以理解或易引起误解的问题、模糊的评分标准和不合理的问题。

（2）结构化面试的命题

要根据岗位所需的能力维度进行命题，但并不是每一道面试题都指向单一的能力维度。比如，几乎所有的面试题都能够考察考生的语言表达能力，在整场面试过程中我们都可以观察考生的着装、行为举止、面对压力的处理能力等。有一些能力要素可以在题目中有明确的指向。

下面以几个常用的能力要素作为分类，举出命题的方法及示例。

① 自我认知和求职动机

此类题型的目的是通过简单了解被试者的政治、教育、工作、性格、经历、专业、价值观、人生观等方面的信息，初步判断被试者的求职动机是否与报考的职位相符合，是否具有一定的口才、应变和心理承受、逻辑思维等能力，是否符合选拔的具体要求。

求职动机分为直接考察动机和障碍考察动机。

前者典型例题：你为什么要报考公务员？

后者典型例题：有人说有权就有钱，钱越多权利就越大，公务员就有权利，那么你为什么报考公务员？

② 综合分析能力

在指向综合分析能力的面试题中，我们可以重点考察语言表达能力、逻辑思维能力、综合分析能力。一般出题时有几种类型。

第一种类型为案例题。可以使用当下的一些热点问题、某一个特殊事例作为题目素材。应聘者通过对案例本身的分析来体现他的综合分析能力与逻辑思考能力。在设计这类型的面试题时，应该特别注意案例的合理性与分析难度。如果太简单或太难都会导致面试题没有区分度，造成评价上的困难。

例：春运期间，火车站十分拥挤，乘客很难上车，列车长帮助一名乘客从车窗里爬进车里，这件事情被媒体报道后，列车长被撤职，这件事情发生后，引起了强烈的社会反响，公众纷纷喊冤，针对这一事件，你有什么看法？

第二种类型为漫画题。可以用一组漫画作为考题，在应聘者答题时可以分为两部分，第一部分为应聘者对漫画本身的描述，可以考察应聘者的归纳分析总结能力；第二部分一般要求与实际相结合，将漫画中所要表达的道理、所讽刺的现象等运用到实际工作生活时应聘者会如何做，可以考察应聘者的逻辑思维能力、职业态度、语言表达能力等方面的能力要素。

例：下面是一个用网络上的漫画出具的一道面试题。

请看图，画面上的情况，你在实际工作中遇到过吗？如果你碰到团队中发生类似的事情，你会怎么处理？

第三种类型为名言警句型。这是一类素材比比皆是的题型。可以选用古人的名言，也可以是中外的哲人的警句，亦可选用公司领导最近的讲话，还可以选择领导人的讲话。因为素材多，所以更要注意的就是难度与区分度的把握。

例：孙中山说："青年要立志做大事，不要立志做大官。"拿破仑却说："不想当元帅的士兵不是好士兵。"

请结合实际工作和生活，谈谈你对这两句话的看法。

第四种类型是视频题。可以用一个视频作为考题，在答题中通过应聘者对视频本身的描述，可以考察应聘者的观察能力与归纳分析总结能力。

例：请观看视频，视频的题目是《新能源、新电网、新生活》，请结合你所学的专业，谈谈视频中都提到了哪些先进的理念和服务。

http://v.youku.com/v_show/id_XODEwNzIzNjQ0.html?debug=flv

第五种类型是联想发散型。在题目设置上，联想发散题可归结为三大类：

第一类，极度发散思维题。这类题目的特点就是由被试者自由发挥。多角度的思考，是最典型的发散性思维。

例：请你用3个词概括2008年；回想2009年你能想到什么？

第二类，哲理性问题。

例：一个跳蚤被放在玻璃杯子里面，一开始杯子的口是敞开的，跳蚤可以自由地跳出；过一段时间之后，用一个玻璃片封住杯子，跳蚤尝试了几次之后，都没有跳出去，跳蚤不再尝试了；随后工作人员把玻璃片移走，再过了一段时间，跳蚤也没有再尝试跳出杯子。请说明这一现象带来的启示。

第三类，串词、串故事题。这其实是两种题型，如果是要求被试者将几个词语串联成一段话，那就没有什么特殊要求，只要传承紧密、主体积极、思想端正、有一定的深度即可；如果是要求被试者讲一个故事并把这些词语用上，那么注意，只要题目不做特殊要求，能串起来即可，不需要把词语作为固定的主要内容，而且既然是编故事就一定要有人物和情节，所以要尽量使故事曲折。

③ 计划组织与协调能力

计划组织与协调能力就是指为完成一定的工作任务而具有的预先系统地安排工作的素质以及过程中合理调配各种资源的素质。一般出题时有以下几种类型。

第一种类型是普通计划组织活动。

例：某高校组织筹款、领导让你组织晚会、考察、调研等。

第二种类型是应急事件组织。

例：某煤矿发生灾情，数十名矿工被困井下，生死不明，上级指派你前往负责抢救工作，你怎么做？

第三种类型是其他事项的组织。

例：极寒冷的地方探险、组织新闻发布会。

④ 人际沟通意识与能力

第一种类型是与上级之间的人际沟通。

例：单位派你去机场接一位上级领导，而遇到了高速公路大塞车，你被困在高速公路上，而这位上级领导是来参加一项重要活动的开幕讲话的，这时候你会怎么办？

第二种类型是与同事之间的相处。

例：假如你被录用后，单位的领导要你带领你的同事组织一次新闻发布会，就本单位最近的新的活动向记者介绍，请问你如何组织？

追问：如果你们小组中有一个人屡屡否决你提出来的方案，这时你怎么办？

第三种类型是与下属之间的人际沟通。

例：假如被录用后，在参加新员工培训时，领导要求你组织参加培训的 50 名新员工举行一次联欢晚会。这 50 名员工在培训时分为 8 个不同的小组，你会怎么组织？

追问：其中有几个小组的成员认为这只是一次无关紧要的活动，你怎么办？

第四种类型是团队中的人际沟通。

例：假如被录用后，你的领导做出一项决策，交给你和张三等 5 人共同去落实，且明确由你牵头任工作组组长。在具体执行中，张三等几个同事都说此决策暂时行不通，积极性低落，且有抵触情绪。遇到这种情况，你将如何应对？

⑤ 事件处理问题

结构化面试中，事件处理类问题包含多头绪问题和突发事件处理。

第一种类型是多头绪问题，指同一时间，面临纷繁复杂的事情要处理。

例：要去机场送出国的同学，单位突然叫回去处理问题，你该怎么办？

第二种类型是突发事件处理。

例：你路过某商场时，保安在追赶肇事者，你被误认为肇事者，你怎么办？

（3）结构化面试考察的能力要素

在结构化面试中，信效度较高的几种能力要素有语言表达能力、仪容举止、逻辑思维能力、组织协调能力、计划决策能力、人际沟通意识、情绪稳定性等。

为了方便使用，笔者将结构化面试中可以考察的能力要素列表如下：

表 5-1 结构化面试考察能力要素表

序号	测评要素	观察要点
1	处理问题的能力	有发现问题、解决问题的能力；对突发事件的处理冷静、及时、有效
2	对专业的发展思考	具备良好的履职能力，具备创新能力，对本专业的发展有较深度的认知，能够独立思考并具备一定的研究能力
3	概括分析能力	抓住本质，并且说理透彻、分析全面、条理清晰。层次分明；概括全面，条理清晰
4	个性特征	应试者表现出来的气质、风度、情绪稳定性、责任心、自信心、成就动机、自我认知等
5	计划组织与协调能力	依据目标，预见未来的有利机会和不利因素，并作出计划；根据现实需要和长远效果做适当选择；及时做决策；调配、安置人、财、物等
6	创新能力	面临问题和机遇，能够及时准确地进行分析判断。发现新问题，产生新思路，提出新观点，找出新方法
7	临场应变能力	能够独立而且有效地应对压力情境，面对复杂情境或突发事件时，能做到处乱不惊、镇定自若，反应迅速，思路开阔
8	逻辑思维能力	抓住本质，并且说理透彻、分析全面、条理清晰。层次分明；概括全面，条理清晰
9	面对压力的处理能力	在压力状况下，思维反应敏捷；情绪稳定，考虑问题周到
10	人际沟通能力	从听者的兴趣和需求出发组织语言，准确理解他人观点。主动沟通，语言表达流畅，清晰阐明自己的观点，并适时调整，从而有效影响他人，达成目标。进行换位思考并把握他人心理，采用一定的技巧，有效给予反馈
11	人际交往能力	主动沟通的意识、人际合作意识、理解组织中权属关系；人际间适应；有效沟通；处理人际关系原则性与灵活性结合
12	思维敏捷程度	对问题理解是否准确贴切，回答的迅速性、准确性等。术语准确，概念清楚；逻辑严谨
13	团队合作能力	有与他人合作的意愿；充分认识团队中的职责与责任

（续表）

序号	测评要素	观察要点
14	仪容举止	外表、言语的亲和力；对他人的感染力；穿着打扮得体，行为表现起伏波动少，言行举止符合一般的礼节，无多余动作
15	与岗位的适配性	个人性格、技能、能力与所报考职位具有匹配性
16	语言表达能力	理解他人意思，口齿清晰、流畅；内容有条理、富有逻辑性；他人能理解并具有一定的说服力；用词准确恰当有分寸
17	职业态度	有纪律性、责任心，积极主动，愿意付出，凡事尽力而为，正确对待工作中遇到的挫折，敬业、求真务实，及对企业文化的认同程度
18	自我情绪控制	在较强的刺激环境中，能保持冷静，表情和言语自然，思维反应敏捷，考虑问题周到，为长远或更高的目标，抑制自己当前的情绪
19	综合分析能力	对事物既能从宏观方面进行总体把握，又能从微观方面对其各个组成成分予以考虑；思路清晰，富有条理，分析问题全面、透彻、客观，能够准确理解、合理把握问题的本质和内在联系，把握问题的实质，抓住问题的主要方面

以上能力指标是我们常用到的一些考察维度，在具体的面试中，我们要根据以下几方面来制定考察的能力指标：

① 招募岗位需考察的胜任素质维度；

② 企业文化对应聘者能力及性格的要求；

③ 岗位现有人员的能力要素构成。

上述第三点，主要考虑能力要素的互补而不是同质。一般选取 5—8 项能力指标作为考察要素。表 5-2、表 5-3 是结构化面试中的常用表格。

（二）无领导小组讨论

无领导小组讨论是指将一定数量的被评人（5—8 人）集中起来，让他们就给定的问题进行一定时间长度的讨论。讨论中各个成员处于平等的地位，并不指定小组的领导者。评委根据被评人左右局势的能力和发言的内容，对被评人进行评价。总体上来讲，这是一种利用松散群体讨论的形式，快速诱发人们的特定行为，并通过对这些行为的定量分析与人际相互比较，来判断每个被评人能力水平和个性特征的人事评价方法。

1. 无领导小组讨论的特点

无领导小组讨论能测出笔试和单一面试不能检测出的能力和素质、能观察个体之间的相互作用、能依据求职者的行为特征对其进行全面合理的评价、能够涉及求职者的多种能力和个性特征、使求职者在无意中显露自己各方面的特点、使求职者有公平的竞争机会、节省时间，并且便于比较、应用范围广。

（1）讨论角色的公平性

没有核心人物，地位上的去中心化，讨论时参与者可以不受约束，为人们提供了一个充分展示自己的机会。由于中国人的权威和权利观念比较重，所以没有中心人物可以在一定程度上使个体更好地发挥自己。

（2）测评方式的仿真模拟性

传统的考试和面试往往是以过去预测未来，但它忽视了环境对个体行为的影响。无领导小组讨论可以克服这种局限，讨论围绕着一个实际问题展开，在整个过程中，每个人表达自己的观点，以理服人，最后形成一个统一的意见。这种群体讨论的方式，与实际的决策情境非常相似。尽管在讨论中没有指定领导，但是个体如何表达自己的观点、如何说服别人、如何争取他人的认可、如何对待不同意见、如何巧妙地控制讨论进程等，都能反映出一个人的素质。

表 5-2 结构化面试评分表（100%）

序号		姓名		性别		年龄		文化程度		报考部门	

面试要素	综合分析	言语表达	应变能力	计划组织与协调	人际交往意识与技巧	自我情绪控制	求职动机与拟任职位的匹配性	举止仪表
权重	17	20	14	10	14	10	7	8
观察要点	对事物能从宏观方面总体考虑；对事物能从微观方面考虑其各个组成部分；能注意整体和部分间的关系及各部门间的有机协调组合	理解他人意思，口齿清晰，流畅；内容有条理、富逻辑性；他人能理解并具一定说服力；用词准确、恰当、有分寸	有压力状况下，思维反应敏捷；情绪稳定；考虑问题周到	考虑部门目标，预见未来的要求、机会和不利因素，并做出计划；看清冲突各方间关系；根据现实需要和长远效果做适当选择；及时做决策；调配、安置人、财、物等有关资源	人际合作主动；理解组织中权属关系（包括权限、服从、纪律等意识）；人际间的适应；有效沟通（传递信息）；处理人际关系原则性与灵活性结合	在较强刺激情境中，表情和言语自然；受到有意挑战甚至有意羞辱的场合，能保持冷静；为长远或更高目标，抑制自己当前的欲望	兴趣与岗位情况匹配；成就动机（认知需要、自我提高、自我实现，服务他人的需要，得到锻炼等）与岗位情况匹配；认同组织文化	穿着打扮得体；言行举止符合一般的礼节；无多余动作
满分	10	10	10	10	10	10	10	10
要素得分	A	B	C	D	E	F	G	H
考官评语	考官签字： 年 月 日							

评分说明：①对每一评分要素，考官按 0—10 给分。表现好的给 8—10 分；一般的给 4—7 分；差的给 0—3 分。

②总分 = $1.7 \times A + 2.0 \times B + 1.4 \times C + 1.0 \times D + 1.4 \times E + 1.0 \times F + 0.7 \times G + 0.8 \times H$。

表 5-3 面试成绩汇总表

序 号				考生姓名				报考职位				
考官姓名	通用测评要素								自定测评要素			
	综合分析	言语表达	应变能力	计划组织与协调	人际交往意识与技巧	自我情绪控制	求职动机与拟任职位的匹配性	举止仪表				
扣最高分												
扣最低分												
要素得分	A	B	C	D	E	F	G	H				
主考官评语	主考官签字：											

（3）评价的公平客观性

考官在对面试者加以评价的时候，主要是依据三个方面的品质：好与坏、强与弱、主动与被动。其中，好与坏又是最重要的。人的认识喜欢做出判断，一旦做出判断，人的印象就形成了。因此在传统的面试中，考官容易犯各种各样的偏误，如晕轮效应、刻板印象、第一印象等。而在无领导小组讨论中，考官主要从可观察、可比较的行为表现中去评判求职者，因此有别于一般的价值判断，可以较好地克服认知偏差，得到公平而科学的判断。

2. 无领导小组讨论评委培养

（1）观察要点

① 避免以貌取人，注意被测人员的肢体语言（坐姿、表情变化、多余动作等）。

② 观察被测人员在讨论中所扮演的角色（是旁观者、协调者还是领导者）。

③ 观察被测人员的人际影响（哪一位推动讨论的过程、哪一位在起主导作用等）。

（2）倾听要点

① 认真、仔细、表情自然（在同处一室的情况下，切忌不自然地斜视或盯着某一考生不动，以免给其造成过多的心理压力，使其不能正常发挥）。

② 慎用一些带倾向性的形体语言（如点头或摇头），以免给被测人员造成误导。

③ 客观地倾听，避免夸大、低估、添加、省略、抢先、滞后等错误影响。

④ 倾听时可做一些笔记，只记听到的、看到的，不记感想。

（3）无领导小组讨论考官纪律、面试技巧、主观效应误差参考结构化评委培养。

3. 无领导小组讨论的设计

(1) 无领导小组讨论的设计步骤

无领导小组讨论的题目设计是在工作分析或胜任特征分析的基础上进行的，大体要经过工作分析、明确测试维度、案例收集、案例筛选与加工等几个阶段。

① 工作分析

针对待测岗位进行工作分析。首先明确岗位的工作目标、关键职责与岗位任职者应该具备的任职资格（知识、能力、技能及其他）或胜任特征（知识、能力技能、内驱力）。根据岗位的特点来考虑题目的编制。

② 明确测试维度

每种测试方法都有其局限性，任何一种方法都不能解决所有的问题。明确测试维度就是从待测岗位所有的测试维度中进行选择，哪些维度是无领导小组讨论的测试方法能够测试的维度。

③ 案例收集

案例收集的过程就是发现岗位关键事件的过程。我们在工作分析的阶段已经了解了待测岗位的主要工作内容，还了解了在这些工作各自的属性，哪些需要决策、哪些需要协调、哪些需要计划，哪些属于突发事件。我们需要重点收集待测岗位的关键事件，所收集的案例应该能充分代表待测岗位的特点，并且能够让被试者处理时感到相应的难度。

④ 案例筛选与加工

对收集到的所有原始案例进行筛选与加工。将每个素材单独整理在一张卡片上做成素材卡，这样就为今后的题目编制工作提供了大量的素材。最后从素材卡中筛选难度适中、典型性和现实性比较好的案例事件。对所筛选出的素材卡进行加工，使其符合无领导小组讨论的要求。题目编制完成以后，可以对相似的对象进行试测，来检查该讨论题的问题，检查题目能否达到预期的目的。效果好的题目可以直接使用，而对于那些需要完善补充的讨论题则要进行修正，直至其达到预期的效果。

（2）无领导小组讨论的命题

无领导小组讨论试题的形式有多种，下面以几种常用的试题形式作为分类举出命题的方法及示例。

① 开放式问题

指答案的范围可以很广、很宽泛的题目。考察考生思考问题时是否全面，有针对性，思路是否清楚，是否有新的观点和见解。

例：请仔细观看视频，这是土耳其 AK 银行的宣传广告片。

http://v.youku.com/v_show/id_XNDQ3NDA4MA%3D%3D.html?debug=flv

请根据广告片所表示出的主题内容，设计一个立体的广告牌，并用给定材料制作出来，广告牌上不能有文字说明。

② 两难问题

让考生在两种互有利弊的答案中选择一种。考查考生分析能力、语言表达能力，以及说服能力。

例：如果你是小赵，你会怎么办？

③ 多项选择问题

指让考生在多种备选答案中选择其中有效的几种或者对备选答案的重要性进行排序。考察考生分析问题的实质，抓住问题本质的能力。

例：假如你抽到的卡片上写着你所在的部门，作为部门主管要去参加一个特别的会议。原来是有五位著名人士要分配到我公司工作，作为部门主管，你要尽可能地争取到这五人中的一人到你们部门工作。请陈述你的部门想要哪一位历史名人，并讲述理由，要尽可能争取。

2015年的试验班，极度缺人，
加上班长只有8人。
一个汉子
被借调
两个孕妇
回家生产
但工作量却有增无减
2015年度工作计划
例行试验
带电检测
新站验收
耐压试验
……
好多……
于是全班都在祈祷新成员的加入
神啊！赐给我们一个
小鲜肉吧！！
试验班的祈祷感动了上苍，
终于，小鲜肉出现了！！
终于来了
壮劳力

初入班组的小赵
开始了幸（máng）福（lù）的生活
哦！好的！
小赵！快去背安规！
哦！好的！
小赵！快跟我去仓库管理仪器！
哦！好的！
小赵！快写篇宣传稿！

④ 操作性问题

给考生一些材料，工具或者道具，让他们利用这些给定的材料，设计出一个或者一些由考官指定的物体来。主要考察主动性、合作能力以及在实际操作任务中所充当的角色。

例：请用给定材料设计出一个新的玩具，并设计出名称、针对人群、卖点、广告、预算等。玩具可以是任何类型、针对任何年龄段，唯一的要求就是要有新意。

⑤ 资源争夺问题

适用于指定角色的无领导小组讨论，让处于同等地位的考生就有限的资源进行分配。主要考察考生的语言表达能力、分析问题能力、概括与总结能力、发言的积极性和反应的灵敏性。

例：因为单位经费紧张，现只有 20 万元，要办的事情有下列几项：

A. 解决办公打电话难的问题。

B. 装修会议室大厅等以迎接上级单位委托承办的大型会议。

C. 支付职工的高额医疗费用。

D. 春节为单位职工发些福利。

很明显 20 万元无法将这四件事情都办圆满，如果你是这个单位的分管领导，将如何使用这笔钱。

（三）行为面试法

行为面试法是通过一系列问题如“这件事情发生在什么时候？”“你当时是怎样思考的？”“为此你采取了什么措施来解决这个问题？”等，收集被试者在代表性事件中的具体行为和心理活动的详细信息。基于被试者对以往工作事件的描述及面试人的提问和追问，运用素质模型来评价应聘人员在以往工作中表现的素质，并以此推测其在今后工作中的行为表现。

表 5-4　无领导小组讨论评分表

测评要素		个性特征	团队意识	激励与人际沟通能力	决策创新能力	临场应变能力	领导能力	压力与情绪管理	合计
权重（%）		10	10	20	15	15	20	10	100
评分要点		应试者表现出来的气质、风度、情绪稳定性、责任心、成就动机、自我认知等	团队成员有共同的使命感和责任感，认同于团队的共同目标，并以协同配合的互动方式，努力追求团队共同目标的集体意识	采取有效的方法，充分调动和发挥人的工作积极性。通过情感、态度、思想、观点的交流，建立良好的协作关系	面临问题和机遇，能够及时准确地进行分析判断。发现新问题，产生新思路，提出新观点，找出新方法	能够独立而且有效地应对压力情境，做到处乱不惊、镇定自若。面对复杂情境，能够较好地控制自己的冲动和欲望，保持心态平和稳定。面对突发事件，反应迅速，思路开阔，情绪稳定，心态平和，可自我调整	不仅能够给自己确定发展的方向，而且也能够、允许并鼓励每一个团队成员确立切实可行的可持续大发展目标	应试者表现出的管理情绪、调节压力、使人顺利实现活动所需的心理条件的能力	
评分等级	优秀	9—10	9—10	9—10	9—10	9—10	9—10	9—10	90—100
	良好	7—8	7—8	7—8	7—8	7—8	7—8	7—8	70—80
	一般	5—6	5—6	5—6	5—6	5—6	5—6	5—6	50—60
	较差	3—4	3—4	3—4	3—4	3—4	3—4	3—4	30—40
	很差	1—2	1—2	1—2	1—2	1—2	1—2	1—2	10—20

通过对所收集信息的对比分析，可以发现杰出者普遍具备而胜任者普遍缺乏的个人素质即资质，也就是我们经常说到的冰山模型中水面以下的那部分素质。行为面试法可以较全面、深入地了解被试者，从而获得一般面试方式难以达到的效果。

1. 行为面试法的特点

（1）行为面试法具有很多优点，客观性、针对性、准确性、真实性。行为面试所设计的问题都是围绕所招岗位所应该具备的要求进行的，针对岗位特点，要求应征者提供与工作有关的具体事件全景。通过关注应聘者在过去的事件中的具体行为，面试人员很容易判断应聘人员素质的高低。

（2）可以对所有面试者询问同样或相似的问题。

（3）可以系统、量化处理面试者的回答。由于企业在面试前就已确定岗位的胜任素质权重和评价量表，所以能够在面试后对每个问题的回答进行量化评定。

2. 行为面试法的命题

行为面试法是要根据岗位所需的能力维度进行命题的，下面以几个常用的能力要素作为分类，举出命题的方法及示例。

（1）团队意识

例：当你负责办理一项重要工作，而其他同事又请求你的帮助，你会怎么办？是否有过类似的经历？如果有，请描述一下当时的情形及处理过程。

（2）沟通能力

例：上级领导在不了解事情的真实情况下做出一个不利于你的决定，你将如何处理？请描述一下类似的工作经历，谈谈你的处理方式及方法。

（3）抗压能力

例：请讲述在你最近的工作中，所遇到的让你有挫折感的一件事。你是如何解决的？简单描述一下当时的情境及处理的过程和结果。

（4）业绩访谈

例：请讲述一个你需要带领几个人一起工作，但他们却各有想法的事情。

（5）领导能力

例：你在鼓励团队成员为实现目标贡献个人的力量时所使用的最有效的技巧是什么？请举例说明你如何运用这些技巧？

（四）角色扮演

设置一系列尖锐的人际矛盾和人际冲突，要求候选人扮演某一角色并进入角色情境，去处理各种问题和矛盾。评价者通过对被试者在不同人员角色的情境中表现出来的行为进行观察和记录，测评其素质潜能。

1. 角色扮演的特点

（1）角色扮演是一项参与性的活动，可以充分调动被试者参与的积极性。被试者为了获得较高的评价，一定会充分表现自我，施展自己的才华。在扮演培训过程中，被试者会抱有浓厚的兴趣，并带有娱乐性功能。

（2）角色扮演具有高度的灵活性。角色扮演的形式和内容是丰富多样的，为了达到目的，主试者可以根据需要设计测试主题、场景。在主试者的要求下，被试者的表现也是灵活的，主试者不应该把受试者限制在有限的空间里，否则不利于被试者真正水平的发挥。

（3）角色扮演是在模拟状态下进行的，因此被试者在做出决策行为时可以尽可能地按照自己的意愿去完成。被试者只要扮演好角色就行，没必要为自己的行为担心，因为这只是角色扮演行为，其产生的影响可以控制在一定的范围内，不会造成不良影响，也没必要在意他人对你的看法。

（4）角色扮演过程中，需要角色之间的配合、交流与沟通，因此可以增加角色之间的感情交流，培养被试者的沟通、自我表达、相互认知等社会交往能力。

（5）角色扮演为被试者提供了广泛地获取多种工作生活经验的机会。

2. 角色扮演的命题

角色扮演时，人物之间的关系多种多样，下面以几种常见的人物关系作为分类，举出命题的方法及示例。

（1）上级与下级

① 上级对下级

例：你是一个大型啤酒集团公司某区域的营销中心总经理，刚上任两个月。经过一段时间的了解，你发现该营销中心的销售队伍让人担忧：一是人手紧张，人员流动率很大，凝聚力不强；二是人员素质偏低，有许多是集团公司选拔中别的部门不要的人，只有一两个团队主管的素质还不错，最优秀的是三年前从总经理办公秘书调任营销部门的刘主管。你对他抱了很大的希望，希望通过他来实施你的营销思想和工作思路，使该区域的营销工作全面改观。

因此，你约了刘主管到你的办公室，你准备跟他深谈一次，他 5 分钟后将准时到你的办公室。

② 下级对上级

例：5 年来，你一直担任某知名公司的人力资源部经理，但在此次全员竞争上岗中，你却意外地落选了，而你的手下小李却竞聘上了人力资源部经理，这令你非常痛苦，自己毕竟才 35 岁，以后还怎么工作呀！为此，你这几天心情很难受，心理上很不平衡：自己对工作兢兢业业，经验丰富，工作能力也强，只是在人际关系方面有些紧张，因为工作而得罪了一些人。本部门的新任经理小李想请你过一会儿与他聊聊，你估计他很可能要你继续留在本部门工作，毕竟你对此项工作很熟，但这是你难以接受的，昔日的下属成了今日的上司，脸面往哪儿放？

你的任务：在 15 分钟的面谈中，无论如何不能继续留在此部门工作，但你也不想得罪这位新任的经理。所以，你的任务是在面谈中要尽量让经理理解你，换到其他部门去工作。

（2）客户类

例：假如你是某商场的总经理，有一天，你早上正忙于与客户谈生意，一个愤怒的年轻人冲进你的办公室，冲你大声嚷嚷道："你就是张总经理吗？我昨天买了你们商场的蛋糕，我儿子吃完后腹泻不止，刚刚住进医院，如果我儿子有个三长两短，我绝对不会饶过你……" 然后他又一大段抱怨，如质量不好、不卫生、要求巨额赔偿等。

你需要处理顾客的抱怨，尽量使商场的名誉和经济损失降到最小，又能让客户满意。时间为20分钟。

（3）不同部门类

例：你和来自另外一个部门的小王共同负责一个涉及两个部门的项目，但是小王却玩忽职守，不履行他的那部分责任，而且靠你一个人根本不可能完成这个项目。今天你打算找小王好好聊聊。

（4）营销类

例：你加入公司将近一年，今天主管给你一家客户，告诉你曾经有员工拜访过。该公司的总经理之前对我们的广告服务有所了解但始终怀疑它的效果。据了解目前他已和另外一家公司合作，主管希望你能把这个客户争取过来。今天你已经和林总约定好下午2：00拜访他。

提示：你准备用何种策略？如何介绍咱们公司的服务？

（五）演讲法

类似于答辩会的方式。首先准备一个演讲主题，并给予一定的角色，一般应与被评价者的目标职位相关，或能够运用被评价者的背景经验。事先允许被评价者有一定的准备时间。

1．演讲的特点

（1）演讲法的优点

演讲能够更方便、直接地观察了解被试者的语言表达能力、思维逻辑能力等各方面的能力，信息量大，观察面广，灵活，可操作性强。

（2）演讲法的缺点

演讲法的缺点在于片面强调口头功夫，对实际能力考察不够，如果能结合其他面试方法进行综合测评，效果会更佳。

2. 演讲法的主要评价要素

演讲法的主要评价要素包括以下几个方面：

（1）演讲者的素质

① 先进的思想素质。

② 崇高的道德品质。

③ 丰富的知识素质。

④ 良好的心理素质。

（2）演讲者的能力

① 敏锐的洞察力。

② 敏捷的思维能力。

③ 较强的信息搜集能力。

④ 较好的口语表达能力。

⑤ 磁石般的吸引力。

（3）演讲者的形象

① 仪表。

② 言谈举止。

（4）演讲的内容

① 内容的熟悉性

演讲的内容对于面试者来说是否熟悉，主要可以从专业角度考虑面试者对于专业知识是否能活学活用。

② 内容的现实性

即面试者所演讲的内容是否贴近现实生活而非照搬书本上的知识，有没有与现实情况相结合加以思考。

③ 内容的充实性

即演讲的内容有血有肉，有说服力，并非只有空洞的框架和口号，而没有透彻的说理与分析论证。

（六）情境模拟和管理游戏

1. 情境模拟

情境模拟测试，是设置一定的模拟情况，要求被测试者扮演某一角色并进入角色情境去处理各种事务及各种问题和矛盾。考官通过对考生在情境中所表现出来的行为进行观察和记录，以测评其素质潜能，或看其是否能适应或胜任工作。

情境模拟的主要评价要素如下：

（1）理解能力

只有对所扮演的角色有充分的了解，才能恰如其分地表现角色，迅速判断形势并进入角色，按照角色规定的要求采取相应的行动，用与角色身份匹配的态度和方式处理问题。

（2）表现能力

表现能力体现为对角色把握和模仿能力，即在对角色充分了解的基础上，用符合角色身份的方式对问题进行适当的处理。自然真实是对应试者的基本要求，更重要的是在模仿过程中要有自己对角色的理解和创新。

（3）应变能力

测评者通过设置一些突发情况，使角色之间具有矛盾和利益冲突。这些意外的情境是应试者今后要走上的工作岗位中可能遇见的。意外发生后，能否保持稳定的情绪沉稳处理事件，能否快速、准确地找到合适的解决办法，都是一名合格应试者必须具备的基本素质。

（4）口头表达能力

口头表达能力是一个人综合素质的反映，从中可以看出他的知识、才能、阅历和修养。在情境模拟中，主要从能否将自己的思想、观点、意见和建议顺畅地用言语表达出来；言语是否逻辑严密，条理清晰；语言是否清楚，生动简练，有深度，富有幽默感；是否敢于坚持自己的意见，能导向、说服他人等方面进行评价。

（5）说服能力

对说服能力的评价可以从说服过程中是否注意到了技巧的运用；是否有足够的理由和严密的逻辑思维能力；说服的效果如何；别人是否能心甘情愿地接受他的观点并加以执行等几个方面进行评价。

（6）情绪控制能力

情绪控制能力是指一个人能够有效控制自己情绪和言行举止的能力。测评者通过有意设置一些让人感到恼怒的矛盾情境，情绪控制能力差的人，往往会在这种情境下有失常态。

（7）组织管理能力

良好的组织管理能力包括能否对工作进行有效的规划，能否对组织的资源进行有效的调配和授权，能否用适宜的办法去激励他人，分析、思考问题是否有顺序、有条理，能否有条不紊地安排工作，并顺利完成等。

（8）仪表风度

仪表风度是指应试者的体格外貌、穿着举止及精神状态等方面的情况。主要从以下几个方面进行评价：穿着得体、整齐；精力充沛稳重、沉着、大方；走路、敲门、坐姿等符合礼节；讲礼貌，语言文雅。

2. 管理游戏

小组成员各被分配一定的任务，必须合作才能较好地解决。通过候选人在完成任务的过程中所表现出来的行为来测评候选人的素质，有时还伴以小组讨论。这是一种以完成某项“实际工作任务”为基础的标准化模拟项目，通过活动观察与测评候选人的实际管理能力。

管理游戏的具体应用如下：

（1）看图说话——需测试应聘者的反应能力，有的外企在转动的机器上装上彩色图画，画面上有动物、植物、建筑物、交通工具、家用电器、山、水等，在应聘者面前按一定的速度移过，要求应聘者在规定的时间内说出自己所看到的内容。

（2）分蛋糕——考官要求应聘者把一盒蛋糕切成8份，分给8个人，但蛋糕盒里还必须留有一份。

第六章

人格测验

凡培养自己的性灵者，必定成功；凡戕害自己的性灵者，必定失败。

——《古兰经》

一、人格测验的应用探索

在日常的招聘甄选工作中，到底要不要用人格测验，有没有用？这是很多人力资源经理人提出来的问题。笔者在 13 年前的一家大型国企招聘中层干部时，曾经被该企业的独立董事要求，在做完人格测评后一定要给出明确的分数，他说，既然我们做了人格测评，为什么不能根据性格特点给出谁更适合这个岗位的分数呢？我自己也思考，既然已经通过人格测验得出一个人的性格画像，为什么不能根据岗位要求得出谁的性格更适合这个岗位呢？经过多年的人才测评的工作实践，笔者认为，人格测评在招聘甄选中仍然十分重要，是我们录用人才的重要依据和人才评价中心的重要手段，但是不能僵化地使用，不能照搬地使用，而应该循证地、科学地使用。

首先，是循证的问题，如果没有证据表明，某种性格要素与某种岗位之间有明确的联系，那么人力资源经理人就不能主观地判断说这种性格的人不适合这种岗位。比如，感觉上我们觉得只有外向的人能做好销售，但事实上，性格内向而把销售或营销工作做得好的人比比皆是。

其次，是胜任能力要素的问题，如果我们已经证明，某项岗位上的某种性格要素与工作绩效有明显相关，那么我们在人格测验后对某种性格要素十分关注、倾向就没有问题。比如，麦克利兰证明成就动机是非常重要的，与工作绩效明显相关的要素，那么成就动机就可以作为我们比较的要素。还有一些岗位，从岗位要求本身就需要十分严谨、特别集中注意力，那么思维发散、颇具艺术气息、时刻求新求变、难以集中注意力的人就需要调整目标岗位了。

最后，是正视心理测验的“七七八八”的准确性，正视人是复杂的、变化的这两个特点。心理测验并不能百分之百勾画一个人的性格，几种心理测评方法的共同使用，你会发现，不同角度去测验时，相似维度的评价却不一样，我们要用人格测验这种工具去认识一个人，但不能用这个作为框架去框住一个人。

二、常用自评量表介绍

（一）卡特尔 16PF

卡特尔 16PF 测验（Cattell’s 16 Personality Factor，简称 16PF）由美国伊利诺伊州立大学人格及能力研究所雷蒙德·卡特尔教授编制。卡氏采用系统观察法、科学实验法以及因素分析统计法，经过 30 年的研究确定了 16 种人格特质，并据此编制了测验量表，被认为是世界上最完善的心理测量工具之一，16 种个性因素在一个人身上的不同组合，就构成了一个人独特的人格，完整地反映了一个人个性的全貌。

由于测得的 16 种人格特质因素各自独立，相关性较低，因此，每一种人格因素都能对受测者某一方面的人格特征有清晰而独特的说明。通过对这些信息的综合，可以全面理解其人格特点。16 项人格因素为：乐群性、聪慧性、（情绪）稳定性、恃强性、兴奋性、有恒性、敢为性、敏感性、怀疑性、幻想性、世故性、忧虑性、实验性、独立性、自律性、紧张性。

图 6-1 卡特尔

1. 理论信息

卡特尔认为人格的基本结构元素是特质。特质的种类很多，有人类共同的特质，有各人独有的特质。有的特质决定于遗传，有的决定于环境；有的与动机有关，有的则与能力和气质有关。若从向度来分，可分为四种向度。

表面特质与根源特质，能力物质；

能力特质、气质特质与动力特质；

个别特质和共同特质；

体质特质和环境塑造特质。

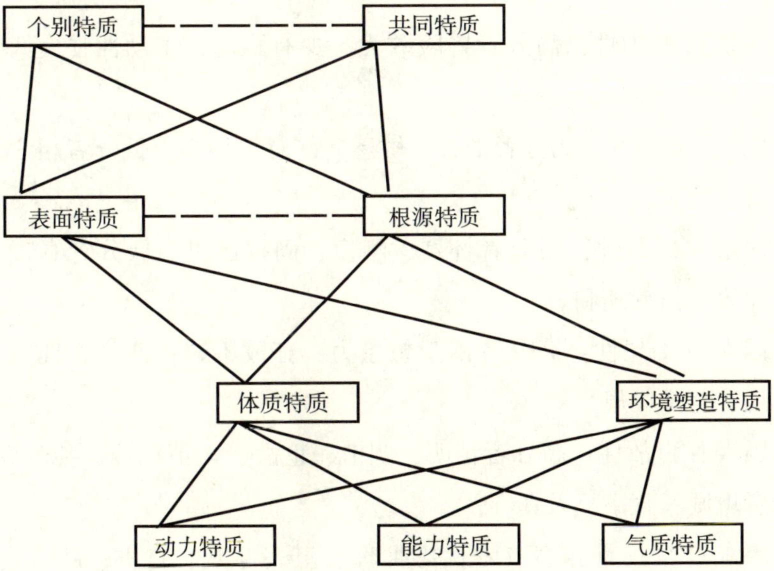

图 6-2　卡特尔特质层次结构图

2. 适用对象

卡特尔 16PF 测验适用范围很广，凡是有相当于初中以上文化程度的青壮年和老年人都适用。16PF 属于团体施测的量表，当然也可以个别施测。

3. 因素简介

因素 A 乐群性：高分者外向、热情、乐群；低分者缄默、孤独、内向。

因素 B 聪慧性：高分者聪明、富有才识；低分者迟钝、学识浅薄。

因素 C 稳定性：高分者情绪稳定而成熟；低分者情绪激动不稳定。

因素 E 恃强性：高分者好强固执、支配攻击；低分者谦虚顺从。

因素 F 兴奋性：高分者轻松兴奋、逍遥放纵；低分者严肃审慎、沉默寡言。

因素 G 有恒性：高分者有恒负责、重良心；低分者权宜敷衍、原则性差。

因素 H 敢为性：高分者冒险敢为，少有顾忌，主动性强；低分者害羞、畏缩、退却。

因素 I 敏感性：高分者细心、敏感、好感情用事；低分者粗心、理智、着重实际。

因素 L 怀疑性：高分者怀疑、刚愎、固执己见；低分者真诚、合作、宽容、信赖随和。

因素 M 幻想性：高分者富于想象力、狂放不羁；低分者现实、脚踏实地、合乎成规。

因素 N 世故性：高分者精明、圆滑、世故、人情练达、善于处世；低分者坦诚、直率、天真。

因素 O 忧虑性：高分者忧虑抑郁、沮丧悲观、自责、缺乏自信；低分者安详沉着、有自信心。

因素 Q1 实验性：高分者自由开放、批评激进；低分者保守、循规蹈矩、尊重传统。

因素 Q2 独立性：高分者自主、当机立断；低分者依赖、随群附众。

因素 Q3 自律性：高分者知己知彼、自律谨严；低分者不能自制、不守纪律、自我矛盾、松懈、随心所欲。

因素 Q4 紧张性：高分者紧张、有挫折感、常缺乏耐心、心神不定，时常感到疲乏；低分者心平气和、镇静自若、知足常乐。

（二）明尼苏达量表

明尼苏达满意度量表（Minnesota Satisfaction Questionnaire，简称 MSQ）由 Weiss、Dawis、England 和 Lofquist 编制而成，它分为长式量表（21 个量表）和短式量表（3 个分量表）。短式量表包括内在满意度、外在满意度和一般满意度 3 个分量表。长式量表包括 120 个题目，可测量工作人员对 20 个工作方面的满意度及一般满意度。"明尼苏达工作满意度调查量表"也有简单形式，即以上 20 个大项可以直接填写每项的满意等级，总的满意度可以通过加权 20 项全部得分而获得。MSQ 的特点在于工作满意度的整体性与构面皆予以完整的衡量，但是缺点在于 120 道题目，受测者是否有耐心和够细心，在误差方面值得商榷。因此，可采用短式问卷。

下面你能看到一些关于你目前工作的陈述，仔细阅读这些陈述，确定你对句子中所描述的关于你目前工作的某方面是否满意，然后圈出与你的满意程度一致的方框。

表 6-1　明尼苏达满意度量表

请问一下自己：我对工作这一方面的满意度如何？ 5=极度满意　4=很满意　3=满意　2=有点满意　1=不满意					
	1	2	3	4	5
1. 能够一直保持忙碌的状态	□	□	□	□	□
2. 独立工作的机会	□	□	□	□	□
3. 时不时地能有做一些不同事情的机会	□	□	□	□	□
4. 在团体中成为重要角色的机会	□	□	□	□	□
5. 我的老板对待他/她的下属的方式	□	□	□	□	□

（续表）

6. 我的上司做决策的能力	□	□	□	□	□
7. 能够做一些不违背我良心的事情	□	□	□	□	□
8. 我的工作的稳定性	□	□	□	□	□
9. 能够为其他人做些事情的机会	□	□	□	□	□
10. 告诉他人该做些什么的机会	□	□	□	□	□
11. 能够充分发挥我能力的机会	□	□	□	□	□
12. 公司政策实施的方式	□	□	□	□	□
13. 我的收入与我的工作量	□	□	□	□	□
14. 职位晋升的机会	□	□	□	□	□
15. 能自己作出判断的自由	□	□	□	□	□
16. 自主决定如何完成工作的机会	□	□	□	□	□
17. 工作条件	□	□	□	□	□
18. 同事之间相处的方式	□	□	□	□	□
19. 工作表现出色时，所获得的奖励	□	□	□	□	□
20. 我能够从工作中获得的成就感	□	□	□	□	□

（三）MBTI

MBTI 职业性格测试作为一种对个性的判断和分析的理论模型，从纷繁复杂的个性特征中，归纳提炼出 4 个关键要素——动力、信息收集、决策方式、生活方式，进行分析判断，从而把不同个性的人区别开来。

1. 理论溯源

1921 年，心理学家荣格（Carl Jung），发表了他经典的心理学类型学说。他在书中设计了一套性格差异理论，他相信性格差异同时会决定并限制一个人的判断。他把这种差异分为内向性/外向性，直觉性/感受性和思考型/感觉型。同时，他认为这些差异是与生俱来的，并且在一个人的一生中相对固定。

20 世纪 40 年代，伊莎贝尔・迈尔斯（Isabel Myers）和凯瑟琳・布里格斯（Katharine Briggs）提出了一套个性测验模型，把这套理论模型以她们的名字命名，叫作 Myers-Briggs 类型指标 MBTI。

心理学家大卫·凯尔西（David Keirsey）发现，这些由不同文化背景和不同历史时期的人各自独立研究得出的 4 种不同性情的划分，对性格的描绘惊人地相似。同时他发现，MBTI 性格类型系统中的四种性格倾向组合与古老智慧所归纳的四种性情正好吻合。这四种组合是：

直觉（N）+思维（T）= 概念主义者

触觉（S）+知觉（P）= 经验主义者

直觉（N）+情感（F）= 理想主义者

触觉（S）+判断（J）= 传统主义者

2. 指标

MBTI 人格共有四个维度，每个维度有两个方向，共计八个方向。

分别是：

外向（E）和内向（I）

感觉（S）和直觉（N）

思考（T）和情感（F）

判断（J）和知觉（P）

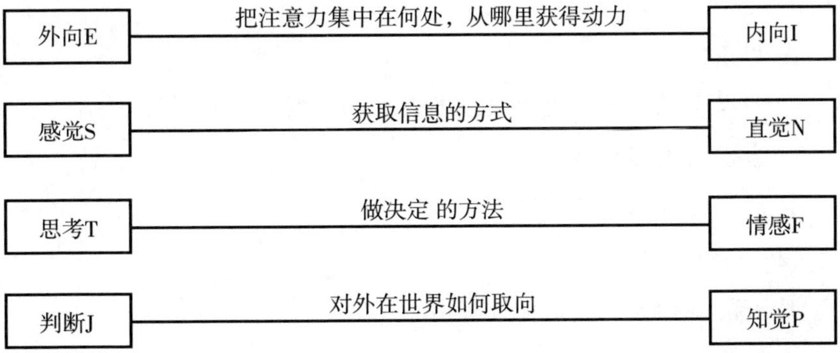

图 6-3　MBTI 维度

如：

我们与世界的相互作用是怎样的？

外向（E）和内向（I）

我们自然留意的信息类型？

感觉（S）和直觉（N）

如何做决定？

思考（T）和情感（F）

做事方式？

判断（J）和知觉（P）

每个人的性格都落足于四种维度每一种中点的这一边或那一边，我们把每种维度的两端称做“偏好”。例如：如果你落在外向的那一边，那么就可以说你具有外向的偏好。如果你落在内向的那一边，那么就可以说你具有内向的偏好。

3. MBTI 十六种人格类型

（1）ISTJ

① 严肃、安静、集中心志与全力投入、可被信赖获致成功。

② 行事务实、有序、实际、逻辑、真实及可信赖。

③ 十分留意且乐于任何事（工作、居家、生活）均有良好组织及有序。

④ 负责任。

⑤ 照设定成效来作出决策且不畏阻挠与闲言会坚定为之。

⑥ 重视传统与忠诚。

⑦ 传统性的思考者或经理。

（2）ISFJ

① 安静、和善、负责任且有良心。

② 行事尽责投入。

③ 安定性高，常居项目工作或团体之安定力量。

④ 愿投入、吃苦及力求精确。

⑤ 兴趣通常不在于科技方面，对细节事务有耐心。

⑥ 忠诚、考虑周到、知性且会关切他人感受。

⑦ 致力于创构有序及和谐的工作与家庭环境。

（3）INFJ

① 因为坚忍、创意及必须达成的意图而能成功。

② 会在工作中投注最大的努力。

③ 默默强力地、诚挚地及用心地关切他人。

④ 因坚守原则而受敬重。

⑤ 提出造福大众利益的明确远景而为人所尊敬与追随。

⑥ 追求创见、关系及物质财物的意义及关联。

⑦ 想了解什么能激励别人及对他人具洞察力。

⑧ 光明正大且坚信其价值观。

⑨ 有组织且果断地履行其愿景。

（4）INTJ

① 具强大动力与本意来达成目的与创意——固执顽固者。

② 有宏大的愿景且能快速在众多外界事件中找出有意义的事件。

③ 对所承负职务，具良好能力保障工作顺利完成。

④ 具怀疑心、挑剔性、独立性、果决，对专业水准及绩效要求高。

（5）ISTP

① 冷静旁观者——安静、预留余地、弹性及会以无偏见的好奇心观察与分析。

② 有兴趣于探索原因及效果，技术事件是为何及如何运作且使用逻辑的原理组构事实、重视效能。

③ 擅长掌握问题核心及找出解决方式。

④ 分析成事的缘由且能实时由大量资料中找出实际问题的核心。

（6）ISFP

① 羞怯的、安宁和善的、敏感的、亲切的，且行事谦虚。

② 喜于避开争论，不对他人强加己见或价值观。

③ 无意于领导却常是忠诚的追随者。

④ 办事不急躁，安于现状无意于以过度的急切或努力破坏现况，且非成果导向。

⑤ 喜欢有自有的空间及照自订的时程办事。

（7）INFP

① 安静观察者，具理想性与对其价值观及重要之人具忠诚心。

② 希望外在生活形态与内在价值观相吻合。

③ 具好奇心且很快能看出机会所在，常担负开发创意的触媒者。

④ 除非价值观受侵犯，行事会具弹性、适应力高且承受力强。

⑤ 具想了解及发展他人潜能的企图，想做太多且做事全神贯注。

⑥ 对所处境遇及拥有不太在意。

（8）INTP

① 安静、自持、弹性及具适应力。

② 特别喜爱追求理论与科学事理。

③ 习于以逻辑及分析来解决问题——问题解决者。

④ 对创意事务及特定工作最有兴趣，对聚会与闲聊无大兴趣。

⑤ 追求可发挥个人强烈兴趣的生涯。

⑥ 追求发展对有兴趣事务的逻辑解释。

（9）ESTP

① 擅长现场实时解决问题——解决问题者。

② 喜欢办事并乐于其中及过程。

③ 倾向于喜好技术事务及运动，交结同好友人。

④ 具适应性、容忍度、务实性；投注心力于会很快具成效的工作。

⑤ 不喜欢冗长概念的解释及理论。

⑥ 最专精于可操作、处理、分解或组合的真实事务。

（10）ESFP

① 外向、和善、接受性、乐于分享喜乐于他人。

② 喜欢与他人一起行动且促成事件发生，在学习时亦然。

③ 知晓事件未来的发展并会热烈参与。

④ 最擅长人际相处及具备完备常识，很有弹性能立即适应他人与环境。

⑤ 对生命、人、物质享受的热爱者。

（11）ENFP

① 充满热忱、活力充沛、聪明的、富想象力的，视生命充满机会但期能得自他人的肯定与支持。

② 几乎能达成所有有兴趣的事。

③ 对难题很快就有对策并能对有困难的人施以援手。

④ 依赖能改善的能力而无须预作规划准备。

⑤ 为达目的常能找出强制自己为之的理由。

⑥ 即兴执行者。

（12）ENTP

① 反应快、聪明、长于多样事务。

② 具激励伙伴、敏捷及直言讳专长。

③ 会为了有趣的对问题的两面加以争辩。

④ 对解决新的及挑战性的问题富有策略，但会轻易忽视或厌烦经常的任务与细节。

⑤ 兴趣多元，易倾向于转移至新生的兴趣。

⑥ 对所想要的会有技巧地找出富有逻辑的理由。

⑦ 长于看清楚他人，有智力和能去解决新的或有挑战的问题。

（13）ESTJ

① 务实、真实、事实倾向，具企业或技术天分。

② 不喜欢抽象理论，最喜欢学习，可立即运用事理。

③ 喜好组织与管理活动且专注以最有效率方式行事以得到成效。

④ 具决断力、关注细节且很快作出决策——优秀行政者。

⑤ 会忽略他人感受。

⑥ 喜做领导者或企业主管。

⑦ 做事风格比较偏向于权威指挥性。

（14）ESFJ

① 诚挚、爱说话、合作性高、受欢迎、光明正大的——天生的合作者及活跃的组织成员。

② 重和谐且长于创造和谐。

③ 常做对他人有益的事务。

④ 给予鼓励及称许会有更佳工作成效。

⑤ 对直接影响人们生活的事务最有兴趣。

⑥ 喜欢与他人一起去精确且准时地完成工作。

（15）ENFJ

① 热忱、易感应及负责任的——具能鼓励他人的领导风格。

② 对别人所想或希求会表达真正关切且切实用心去处理。

③ 能怡然且技巧性地带领团体讨论或演示文稿提案。

④ 爱交际、受欢迎及富有同情心。

⑤ 对称许及批评很在意。

⑥ 喜欢带引别人且能使别人或团体发挥潜能。

（16）ENTJ

① 坦诚、具决策力的活动领导者。

② 长于发展与实施广泛的系统以解决组织的问题。

③ 专精于具内涵与智能的谈话，如对公众演讲。

④ 乐于经常吸收新知且能广开信息渠道。

⑤ 易生过度自信，善于表达自己的创见。

⑥ 喜于长期策划及目标设定。

16 种性格类型

SJ 教条型，护卫者　　NF 友善型，理想主义者

ISTJ Inspector 稽查员/检查者	ISFJ Protector 保护者	INFJ Counselor 咨询师/劝告者	INFP Heater/Tutor 治疗师/导师/化解者
ESTJ Supervisor 督导/监督者	ESFJ Provider/Seller 供给者/销售员	ENFJ Teacher 教师/教导者	ENFP Champion/Advocate/Motivator 倡导者/激发者
ISTP Operator/Instrumentor 操作者/演奏者	ISFP Composer/Artist 作曲家/艺术家	INTJ Mastermind/Scientlst 智多星/科学家/策划	INTP Architect/Designer 建筑师/设计师
ESTP Promotor 发起者/创业者	ESFP Performer/Demonstrator 表演者/示范者	ENTJ Field Marshall/Mobilizer 统帅/调度者	ENTP Invertor 发明家

SP 探索型，艺术创造者　　NT 坚定型，理性者

图 6-4　16 种心理类型

（四）大五人格

近年来，研究者们在人格描述模式上形成了比较一致的共识，提出了人格的大五模式（BIG FIVE），Goldberg（1992）称之为人格心理学中的一场革命，研究者通过词汇学的方法，发现大约有五种特质可以涵盖人格描述的所有方面。

表 6-2　大五人格理论

因　素	双极定义
外倾性	健谈的、精力充沛的、果断的/安静的、有保留的、害羞的
随和性	有同情心的、善良的、关切的/冷漠的、好争吵的、残酷的
尽责性	有组织的、负责的、谨慎的/马虎的、轻率的、不负责任的
神经质感情稳定性	稳定的、冷静的、满足的/焦虑的、不稳定的、喜怒无常的
开放性	有创造性的、聪明的、开放的/简单的、肤浅的、不聪明的

外倾性（extraversion）：好交际对不好交际，爱娱乐对严肃，感情丰富对含蓄，表现出热情、社交、果断、活跃、冒险、乐观等特点。

神经质或情绪稳定性（neuroticism）：烦恼对平静，不安全感对安全感，自怜对自我满意，包括焦虑、敌对、压抑、自我意识、冲动、脆弱等特质。

开放性（openness）：富于想象对务实，寻求变化对遵守惯例，自主对顺从，具有想象、审美、情感丰富、求异、创造、智慧等特征。

随和性（agreeableness）：热心对无情，信赖对怀疑，乐于助人对不合作。包括信任、利他、直率、谦虚、移情等品质。

尽责性（conscientiousness）：有序对无序，谨慎细心对粗心大意，自律对意志薄弱，包括胜任、公正、条理、尽职、成就、自律、谨慎、克制等特点。

（五）FQ+

15 因素人格问卷加强版（15FQ+）最初发表于 1992 年，它采用人们已经熟知的理论框架，提供了对人格的全面深入的评估。它测量的仍是卡特尔（Cattell）50 年前揭示的 16 种人格因素，但已经根据系统的现代研究进行全面升级改进，使之更适用于工商业界和管理领域，具有更高的信度和效度。

1. 来源

FQ+测量的 16 个因素中的每一个因素所包含的 12 个题目都是通过一系列反复的数据分析发展和改进而来的（Kline，1986）。

（1）Cattell 的 15 个因素（智力除外）中的每一个因素都是通过大量的文献综述确定下来的。试测的测验题目力争囊括所有的、相关的行为表现和性情，然后由一组对人格测验构想有经验的心理学者生成，并注意确保测题反映了 Cattell 对每一个因素的定义。所有测题用现代英语写成，以避免文化差异和性别歧视。在 15FQ 的现存题目中能满足上述要求的题目都尽可能继续采用。

（2）试测题目集的数据与 16PF4 A 版的数据一起收集。分析这些数据以确保 15FQ+的题目与 16PF4 A 版测量的是相同的人格因素。

（3）去掉那些导致心理测量特性指标差的题目，并构想新题目（按上述原则）。最终的测题只保留那些题目——总分相关可以接受的题目，以及与目标量表的相关高于与其他任何量表的相关的题目。

（4）反复重复步骤 2 和 3，直到 15 个人格维度（智性维度和社会称许性除外）中每个维度的 12 道题目都达到可接受的心理测量学性质为止。

（5）智性量表和社会称许性量表最初的题目由对人格测验构想有丰富经验的心理学家组成的专门小组的每一个成员独立构想。然后，这个专门小组评论这些题目并且逐词修改以达成共识。如果最初的题目不能达成一致意见，就去除。反复重复步骤 3，直到每个量表的 12 道题目都具有可接受的心理测量学性质。

（6）然后用总的标准化样本对 16 个量表（包括智性）做因素分析，抽取 5 个全球要素，它们与 20 世纪 50 年代后期 Tupes 和 Christal（1961）最初确定的大五人格因素相似。

（7）一旦最终获得了满意的题目集，就使用标准参考技术构想装好和装坏，以及工作态度和情绪智力量表。最后，通过选择 26 个被 5%或更少的应答者所赞同的题目构想出罕见应答量表。

（8）15FQ+的简缩版是分别从 16 个量表中挑选出最好的 6 个题目组合成的。

2. 适用于

15FQ+适用范围较广，包括：大学毕业水平的人员、管理层人员、专业人员。

3. 应用

15FQ+广泛应用于员工选拔和任用、团队建设和培训发展、职业指导等方面。

4. 测量的维度：

疏远冷淡—移情友善

少思不敏—聪慧自恃

激动易感—稳定坚强

随和谦逊—支配控制

严肃审慎—热情兴奋

权宜敷衍—有恒尽责

孤僻缄默—乐群敢为

理性客观—感性直觉

信任积极—怀疑保留

现实具体—幻想抽象

直率生硬—策略圆通

安详自信—忧虑不安

传统保守—自由激进

随群附众—自主独行

随性不拘—自律谨严

沉着平和—焦躁紧张

(六) ABC 型人格

1. A 型行为

美国旧金山医师福利曼和罗斯曼（Friedman & Rosenman）花费了10年的时间研究，结果发现某种人格特质比其他人格特质罹患心脏病的几率高3倍。经过大量的临床实验得出，患有心身疾病的人，他们的心理和行为有着共同的特点，像冠心病人群中有一种特征性的行为模式，称之为A型行为类型。

A型行为其特质如下：

① 较具进取心，对自己寄予极大的期望。

② 苛求自己，具有侵略性，不惜任何代价实现目标。

③ 以事业上的成功与否，作为评价人生价值的标准。

④ 超负荷的工作，试图在极少的时间里，做极多的工作。

⑤ 终日紧张、忙碌，不会放松自己，不情愿把时间花在日常琐事上。

A型行为模式的人，比较倾向于紧张、具野心及侵略性，而且其竞争性并不仅限于工作领域，即使是游戏或打球，他们也存有非赢不可的心理。由于对自己期望值过高，以致在心理和生理上的负担都十分沉重。他们被自己顽强的意志力所驱使，抱着“只能成功，不能失败”的坚定信念，不惜牺牲自己的一切，乃至宝贵的生命，也要拼命直奔超出自己实际能力的既定目标。由于他们长期生活在自己设定的紧张节奏之中，使其思想、信念、情感和行为形成了独特模式，内部的紧张与压力源源不断地产生。

A型行为模式的人由于一系列的紧张积累，极易导致心血管疾病，甚至可能因发生心肌梗死而猝死。

心理学研究认为，“经常想到有许多事情要做，却没有时间去做”，这种左右为难的复杂心态，会使我们紧张、忧虑得心力交瘁，高血压、心脏病、溃疡病便会随之发生。

2. B 型行为

B 型行为（Type Behaviov Pattern，TBBP）表现为按部就班、不加班加点、双手不颤抖、放松地坐着谈话，把生活看作某种享受，而不是战斗。安宁、松弛、随遇而安、顺从、沉默、声音低、节奏慢等，不好与人交往、缺乏创造力等从容不迫是 B 型行为人格倾向。

B 型行为其特质如下：

① 从未感到为时间所迫，也未因时间不够用而感到烦恼。

② 除非万不得已，从不在人面前自夸。

③ 凡事逆来顺受，不对别人产生敌意。

④ 消遣时，尽兴而返。

⑤ 消遣时，即松弛身心，心旷神怡，与世无争。

⑥ 休息时，不会有罪恶感。

⑦ 不易被外界事物所搅乱。

⑧ 做事常不了了之，很容易放下未完成之事，稍作休息或另觅生活情趣。

B 型行为模式的人，比较倾向于安宁、松弛、随遇而安。且其松弛性并不仅限于休闲时光，即使是在工作，他们也存有松弛、安宁的心理。由于对自己期望值过低，以致在心理和生理上的负担都十分轻松。他们被自己松散的个性所驱使，抱着“当一天和尚，撞一天钟”的信念，随遇而安地度过生命的每一天。由于他们长期生活在自己设定的松弛的节奏之中，使其思想、信念、情感和行为形成了独特模式，生存状况为无远大目标、做事有始无终的形态……

怎样改变 B 型行为模式？

① 制定一个符合自己实际能力并可实现的目标。

② 对工作进行有效的规划，制定出完成的时间。

③ 学会交流。

④ 计划做好。

⑤ 勇于弘扬自己的优点。

3. C 型行为

C 型行为亦称肿瘤行为，研究起源于 20 世纪 70 年代，英国科学家发现压抑消极情绪会使淋巴细胞功能减退，免疫力低下，易发生癌瘤。以后经过许多学者的研究，认识到社会因素、心理因素通过大脑的神经传递，影响人体脑部生理机能与免疫系统活动。近年来大量的动物试验及临床实验均可证实，压抑愤怒将导致脑神经递质、内分泌、免疫细胞各种生理活动的变化与癌症的发生有关，C 型行为是一种容易发生癌症的行为模式。C 是 cancar 一词的第一个字母。C 型行为的特质在气质上表现为面对不愉快的、压力大的事情，比较压抑自己的情绪，过分的忍让、谦虚、过分依从社会、回避矛盾。研究发现，C 型行为的人肿瘤发生率比一般人高 3 倍以上。C 型行为还会促进癌的转移，使癌症病性恶化。

如何知道你是不是一个“C 型行为”模式的人：

① 怕伤害别人。

② 怕被别人看到你的怒容。

③ 失去控制。

④ 怕被拒绝。

⑤ 怕捣毁一切。

⑥ 怕被报复或引起反弹。

三、投射测验

（一）画树测验与 HTP

房树人测验（Tree-House-Person），又称为屋树人测验，它开始于 John Buck 的“画树测验”。而动态屋、树、人分析学则由 Robert C.

Burn在1970年发明，受测者会在同一张纸上画屋、树及人。这三者有互动作用，例如从屋及人的位置与距离都可看出受测者与家庭的关系，所以这两种分析法多数会结合使用。

“房树人测验”相对来说方法多种多样，在测验的形式上又有许多变通。例如：有的简单要求被测者画出房、树、人，有的要求被测者在画完房树人后，再用蜡笔对画进行涂抹上彩，还有的对人物画要求画性别相反的两个人物；另有一种为综合性“房树人测验”（或称统合性“房树人测验”），要求被试在同一张纸上画房树人来进行测试。总而言之，“房树人测验”不仅是一种人格测验，而且是一种智力测验。它可以动态地掌握心理病人病情的演变，并且能促发病人的创造力，甚至通过绘画，起到治疗作用。通过多次绘画达到治疗目的的方法以后逐步形成了心理治疗中的绘画疗法。

透过房树人测验，可投射出个人的心理状态，有系统地把你的潜意识释放出，透过潜意识去认识自己的动机、观感、见解及过往经历等，去帮助自己了解事件的本质，自己对外界的接触取向及生活模式及作出适当的反应。

1. 技术标准

“房树人测验”可以有两个方面来研究：

（1）从非言语性，创造性的角度。绘画的特点，基本上是无结构性的。

（2）从言语的统觉的角度。被测者的绘画又具有一定构造性的形式，其所描绘的形象也涉及环境关系，具有一定联想性作用。

一般地说，对在测验时要求被测者所描绘的房子、树木、人物并没有具体的指示，所以没有限定他们应该描绘什么样的房子、树木和人物。有关房屋的大小、类型、表现方法，树木的种类、大小、树龄的表现方法，人物的年龄、性别、高低、朝向、行为、表现方法等，都没有任何的限制，画面的描绘主要是被测者自己的见解或者从身边环境中体验到，并从众多的事物中选择出一个或数个房屋、树木或人物的形象综合而成，由此形成测验中绘画像，所以在指导语中所提到的房、树、人是一种有关事物的分类语，不是一种具体化的事物。因此，被测者在描绘过程中，会把情绪状态在画面上描绘下来，甚至通过画面可以反映出他们的愿望（喜怒哀乐、人际关系等各个方面），所以说，“房树人测验”是以某些方面的投射为前提的。

（1）必须明确，在测验中所描绘的房树人是一种特定的形象，是一种心理上的“自我像”，因为测验者总是在描绘中考虑要把最重要的描绘特征表达出来，而这些特征可以说是被测者内在心理特征的再现。

（2）被测者对房、树、人的描绘，部分与部分之间的组合、比例、结构、在画面上的位置、是表达描绘对象的部分还是整体等，都具有特别的意义。一般来说，他显示出以下两方面：

① 被测者积极地进行表达，他们在测验中，在描绘前进行积极的思考、设想。对所描绘的对象，部分与部分之间如何结合，哪些应该先画，哪些应该后画。另外，在表现手法上也显示出各种不同性。为了积极地表达，他们有的会反复地涂擦或对某一部分，在线条上进行强化（把有的部分画得很浓、很重，有些部分甚至描绘时花费时间过长，这都可以显示出他的积极性，还有的绘画表现出奇怪性、刻板性、固执性，甚至对画面进行文字上的描述说明）。

② 被测者消极性的表达，他们对所描绘的对象，在整体和局部之间表达不完整，尤其对一些本质性的部分表现出省略、遗漏，如不画门、窗、树叶，人物缺乏耳朵、鼻子等主要器官，还有的在表达手法上，表现出矛盾，古怪的形象，图形结构不完整，描绘时间过短而草率等。

“房树人测验”的某些特定意义：

在部分上，在描绘过程中，某些绘画整体、局部之间关系不明确，强调某部分或缺少某些部分，有关部分的意义，在房屋中以房顶、门窗为主，在树木中以树干、树枝为主，在人物中以头部、上肢为主。

◇比例：所描绘的部分与其他部分之间的关系，例如，在房屋当中，窗户与门的关系，树木中，树干与树枝的关系，人物中，上肢长度与躯体长度的关系，这些比例关系往往涉及被测者的智力水平，很显然，智力低下的人往往会表现出画像比例方面的不协调。

◇透视性：在描绘房树人时，画面的表达，如在纸上的位置，房、树、人之间的相互关系，都能显示被测者的能力和人格特征。如，人比房子、树木大，显示出被测者具有自我中心的心理状态，在智力水平方面，一个着装完整的人与裸体人的描绘，一方面与智力有关，另外一方面与人格的差异性有关，这些都能显示出一定的信息。

2. 测试方法

（1）测试前的准备

准备测验纸、A4 纸，没有橡皮的铅笔一支（2B）。

（2）要求

① 画完一部分或整幅图画后，不得重画。

② 想怎么画就怎么画，但必须有房子、树、人。

③ 画人的时候，不可以画火柴人。

④ 画图时不可用尺子。

⑤ 构思的时间最好不要超过五分钟。

（3）测验指导语

测试指导语：

请用铅笔在这张白纸上任意画一幅包括房子、树木、人物在内的画；想怎么画就怎么画，但要求你认真地画；不要采取写生或临摹的方式，也不要用尺子，在时间方面没有限制，允许涂改；画完后请你写上自己的性别、年龄、文化程度、职业。

3. “房树人测验”适用的范围及其优点

(1) 适用范围

① 该测验既可以用于群体测试，又可以用于个体测验。

② 它亦可以作为人群中，有关精神健康的普查筛选工具，以此筛选出群体中不良者。

③ 它还可以用于门诊临床以及住院患者的心理诊断，为心理咨询提供有关人格方面的信息。

④ 此外还可用于调解夫妇关系，亲子关系，治疗和矫正不良青少年的手段之一。

⑤ 利用其艺术疗法的作用，促进精神病人的康复。

(2) 优点

① 具有主动性、构成性、非言语性的特点，避免反应内容在言语化过程中变形，从而更具体地了解被测者的人格特征，捕捉到难以言表的心理冲突。

② 能初步了解被测者的智力水平，而不像 WAIS 测验那样有诸多局限性，并且不易造成心理创伤体验。

③ 再度测验不会导致练习效果，有利于反复施测，追踪观察。

(二) 主题统觉测验

主题统觉测验是摩根（C. D. Morgan）和亨利·默里（H. A. Murray）于 1935 年设计的一种方法。

1. 测验性质

该测验几经修改，与其他同性质的测验一起成为心理测验的一个新门类——投射测验，是现在通用的人格测验。

2. 内容和实施

全套测验有 30 张黑白图片和一张空白卡片。图片内容多为一个或多个人物处在模糊背景中，但意义隐晦。施测时根据被试者的性别以及是儿童还是成人（以14岁为界），取统一规定的19张图片和一张空白卡片，每张图片为一题，最正规的测验应分两次进行，因为每一组图片的后10张都比较奇特，容易引起被试的情绪反应，但是实际施测中也有再从19张图片中选取若干的。被试的作业是看一张图片，然后据此讲个故事，故事的叙述应该包含三个基本维度：

（1）图片上的情境是怎么造成的。

（2）图片中的情境表示在发生什么事件，并描述其中角色的情绪表现。

（3）结果会怎样。被试者叙述故事时眼看空白卡片，它起着集中被试者的注意力和刺激想象的作用。

图6-5　主题统觉测验

3. 原理与分析

主题统觉测验的原理是让被试者给意义隐晦的图片赋予更为明确的意义。表面上看，这一赋予意义的活动是绝对自由的，比如在指导语中，主试就鼓励被试者无拘无束地想象，自由随意地讲述，故事情节愈生动愈戏剧性愈好；但是实际上，默里相信被试者在这过程中会不自觉地根据自己潜意识中的欲望、情绪、动机或冲突来编织一个逻辑上连贯的故事，这样，研究者就可以对故事内容进行分析，捕捉蛛丝马迹，从而了解被试者特定的内心世界。这一过程就是分析过程。默里还提出了六个方面作为进行这种分析的指导。

（1）故事的主角身份。被试者往往会认同故事中的主角（通常，故事人物中总有一个与被试者的年龄、性别、身份地位相仿佛），进而把自己的内心欲望或冲突等人格特征投射在主角身上，反过来，研究者从故事主角是隐士还是领袖，是个有优越感的人还是一个罪犯之类的信息，来探测被试者的人格特征。

（2）主角的行为倾向。分析时应注意主角的行为，行为若有非常的特点，甚至仅仅是提到的次数多，就可能反映某种动机倾向十分强烈。默里曾指出，行为中反映出像屈辱、成功、控制、冲突、失意之类的特征，几乎都可以按叙述过程中的强烈性、持续性、重复次数以及在故事内容中的重要性，标示在一个五点量表上。

（3）主角的环境力量。尤指人事的力量，或者是图片上本没有的、被试者自己想出来的人和物。在故事中，这些环境力量的表征物对主角的影响作用，如拒绝、伤害、失误等，也可以根据其强度而标示在五点量表上。

（4）结局。指主角的力量和环境力量经过相互作用，经历了困难和挫折之后的成乎、败乎、乐乎、悲乎之类的结果。

（5）主题。主题是故事主角的内部动机力量，欲求与外部环境力量的相互作用及其结局。主题可以是简单的，也可以是复杂的，但每个具有特定意义的故事的主题是解释的主要依据。

（6）趣味和情操。指故事人物的喻指，如老妇喻指母亲，主角之为正面人物还是反面人物，诸如此类。默里的分析方法意在评估个体的人格特征，而一次全面的分析费时甚长，往往需要4—5个小时才能评定一份记录，这是典型地把TAT当作一个测验来使用的情况。有的研究人员实际上是把TAT当作采集当前研究所关心的个人资料的工具，因此若想考察个体的攻击性倾向，则主要留意故事中攻击性行为的表征，若想考察个体的焦虑，就主要捕捉故事中与焦虑有关的迹象，此时采用的图片也就不一定限于TAT所提供的了。但是不论怎么使用，基本的原理仍是一样的。

（三）罗夏墨迹测验

罗夏墨迹测验是由瑞士精神科医生、精神病学家罗夏（Hermann Rorschach）创立，国外有时称罗夏墨迹（Inkblot）测验，或罗夏技术，或简称罗夏，国内也有多种译名，如罗夏测验、罗夏测试和罗沙克测验等。罗夏测验因利用墨渍图版而又被称为墨渍图测验。

1. 原理分析

罗夏墨迹测验因利用墨渍图版而又被称为墨渍图测验，是非常著名的人格测验，也是少有的投射型人格测试，在临床心理学中使用得非常广泛。通过向被试者呈现标准化的由墨渍偶然形成的模样刺激图版，让被试者自由地看并说出由此所联想到的东西，然后将这些反应用符号进行分类记录，加以分析，进而对被试者人格的各种特征进行诊断。

2. 测验内容

罗夏测验是由10张经过精心制作的墨迹图构成的。这些测验图片以一定顺序排列，其中5张为黑白图片（1、4、5、6、7），墨迹深浅不一，2张（2、3）主要是黑白图片，加了红色斑点，3张（8、9、10）为彩色图片。这10张图片都是对称图形，且毫无意义。

以下依次为罗夏测验的全套图片 10 张。

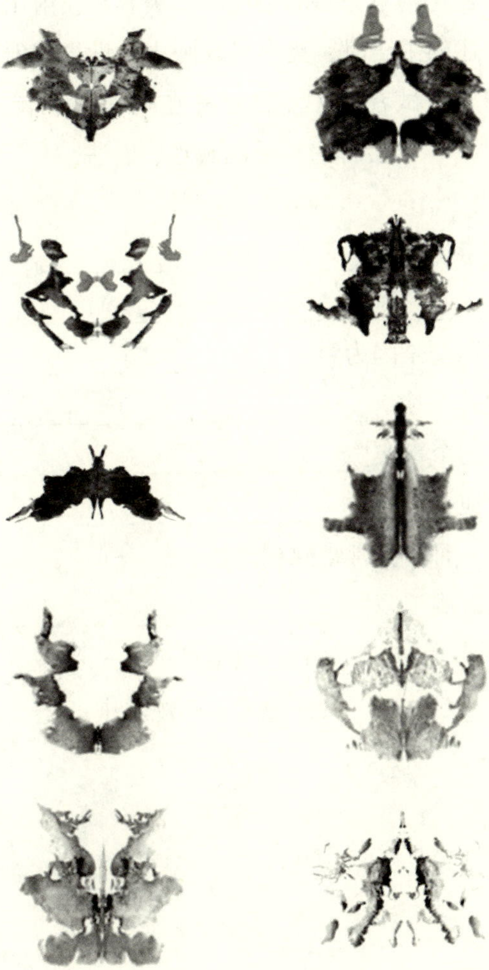

图 6-6　罗夏测验图片

(四) 词语投射与句子完成测验

句子完成测验是一种心理投射评估方法，将一些未完成的句子（刺激）呈现给被试者，要求被试者将句子填充完整，从而评估被试者的个性特征的一种方法。

句子完成测绘是一项对施测者要求颇高的一种测验方法。其理论假设为，写一个人在建构不完整的情境时，更容易投射出真实的想法；在以其他人作为讲述的主语时，更容易反映内心世界。但施测时仍需注意称许性问题，如果被试者更关注自己外在的“形象管理”则会在一些句子完成时“讨好”社会普遍接受的观点、看法。

举一些例子：

我最害怕的事情是______________________________。

我羡慕______________________________。

小明今天很不安是因为______________________________。

John 在想他的前途______________________________。

他失败了，这个事实______________________________。

孩提时候，他______________________________。

当__________时，我常常感到尴尬。

我单位里的男员工______________________________。

____________________之后，他很难过。

____________________会让他陷入麻烦之中。

第七章

心理健康筛查

玉石之相类者，唯良工能识之。

——《淮南子·修务训》

一、心理健康筛查的必要性与意义

1. 新时代的健康政策指导

2016 年 12 月 30 日，国家卫生计生委在《关于加强心理健康服务的指导意见》中指出，心理健康是人在成长和发展过程中，认知合理、情绪稳定、行为适当、人际和谐、适应变化的一种完好状态。2017 年 10 月，习近平总书记在十九大报告中提出：要加强社会心理服务体系建设，培育自尊、自信、理性和积极向上的社会心态。

2. 心理健康对工作的重要性不言而喻

员工的心理出现问题不仅会影响员工个人的健康，还会给企业带来一定的困扰。《中国企业员工职业心理健康管理调查报告》显示：62.21%的受访者认为职业心理健康对工作有非常大的影响。心理健康的员工团体可以为组织带来无穷的发展。

中华人民共和国精神卫生法

第二十七条　精神障碍的诊断应当以精神健康状况为依据。

除法律另有规定外，不得违背本人意志进行确定其是否患有精神障碍的医学检查。

《中华人民共和国精神卫生法》的规定意味着用人单位在入职甄选时实行的新员工心理健康筛查，应经过应试者本人知情同意。

在企业中科学有效地进行心理筛查，要站在有别于心理咨询、精神障碍诊断的角度，对应聘者进行心理筛查要以是否胜任工作为目的。不同工作的胜任心理健康要求不同，这就要求我们在制定心理健康筛查之前，开展职业胜任心理健康指标测评体系的构建，通常采用问卷法、文献法、工作分析、专家评价等方法。

3. 用人单位越来越重视应聘者的心理健康

当前大多数企业在招聘入职时会对应聘者做心理测评，依据企业需求，通过对入职员工心理健康、人格特点、心理能力、职业兴趣等进行测量，达到对入职员工全方位的深层了解，为企业人力资源部录用人才提供科学依据。

4. 但大多入职测评均为自评量表，自评量表有一定的局限性

有的应聘者会按照社会期许，做出一些违背实际的答案，表现正向拔高的自我而非真实自我，有的由于对考试抗拒、逃避或其他原因致使测评无效。

社会期许性反应是指用社会认可的方式去反映自我评价的问题，使自己或别人看起来更适合社会需要的一种偏向，主要表现为“装好”的现象。根据社会期许性的内容及程度，可以分为自我欺骗（self-deceptive Enhancement，简称 SDE）和印象管理（Impression Management，简称 IM）两个维度。

5. 在企业中建立以胜任力为核心的心理卫生筛查体系，对组织、对员工、对求职者都有着非常重要的积极意义

从组织的角度来讲，一套有效的心理卫生筛查体系的建立是对企业有效运转的保障。

从人力资源的角度来讲，以胜任力为核心的心理筛查是最符合伦理的行为，也是对企业、员工、求职者三方的负责。

从求职者的角度来讲，如果求职者的心理健康水平不能达到胜任工作的要求，适当的休息、转介是对求职者最为负责的一种方式。无须提醒，相信大家会谨慎地与这一类的求职者沟通。笔者就这一问题请教一位美国著名精神科医生时，他认为给出一封客气的不能录用的信件就可以了。大概意思是人力资源经理人做人力资源经理人的事情就可以了。履行好自己的职责，这也是一种处理方法。

从员工的角度来讲，在入职时进行心理筛查是对在职员工的负责任。不仅是考虑一些精神障碍患者可能出现的自伤或伤人的行为，同时也考虑行为异常的精神障碍患者对周围员工情绪及组织氛围的影响。

二、心理健康筛查的内容

心理健康的筛查更注重对健康的评估。世界心理卫生对健康的定义，包括身体、心理、社会适应能力和道德四个方面，而心理健康筛查内容涉及了这四个方面：

中国人心理健康6条标准与评价要素

一是情绪稳定，有安全感。评价要素：情绪稳定、情绪控制、情绪积极、安全感。

二是认识自我，接纳自我。评价要素：自我认识、自我接纳。

三是自我学习，独立生活。评价要素：生活能力、学习能力、解决问题能力。

四是人际关系和谐。评价要素：良好人际交往能力、人际满足、接纳他人。

五是角色功能协调统一。评价要素：角色功能、行为符合年龄、行为符合环境、实现个人满足。

六是适应环境，应对挫折。评价要素：接触现实、接受现实、挫折应对。

——《维护心理健康　构建和谐社会——心理健康概念与标准》

心理健康筛查是要通过科学的方法识别常见心理行为问题，评估应试者的心身状况是否符合岗位胜任力要求，包括人们的感知觉、思维、情绪、行为、睡眠、心理发育、自尊与自信、人际关系、性心理问题，以及抑郁、焦虑、偏执、癔症、强迫、恐惧、成瘾倾向等。

三、心理卫生自评量表

表 7-1 常用心理卫生自测量表

心理健康量表	心理状态测量量表
症状自评量表（SCL-90） 抑郁状态量表 康奈尔医学指数量表（CMI） 焦虑自评量表 简明精神病量表 社会功能缺陷评定量表（SDSS）	成人人际关系量表 成人心理压力量表 社会适应能力量表 心理适应性量表 社会支持问卷 心理年龄测试量表 生活事件量表 防御方式问卷 情商（EQ）测试

表 7-2 症状自评量表（SCL-90）

指导语：

以下表格中列出了有些人可能有的病痛或问题，请仔细阅读每一条，然后根据最近一星期以内（或过去）下列问题影响你或使你感到苦恼的程度，在方格内选择最合适的一格，画一个钩，如“√”。请不要漏掉问题。

	从无	轻度	中度	偏重	严重
	0	1	2	3	4
1. 头痛	□	□	□	□	□
2. 神经过敏，心中不踏实	□	□	□	□	□
3. 头脑中有不必要的想法或字句盘旋	□	□	□	□	□
4. 头晕或晕倒	□	□	□	□	□
5. 对异性的兴趣减退	□	□	□	□	□

（续表）

6. 对旁人责备求全	□	□	□	□	□
7. 感到他人能控制你的思想	□	□	□	□	□
8. 责怪他人制造麻烦	□	□	□	□	□
9. 忘记性大	□	□	□	□	□
10. 担心自己的衣物整齐及仪态的端正	□	□	□	□	□
11. 容易烦恼和激动	□	□	□	□	□
12. 胸痛	□	□	□	□	□
13. 害怕空旷的场所或街道	□	□	□	□	□
14. 感到自己的精力下降，活动减慢	□	□	□	□	□
15. 想结束自己的生命	□	□	□	□	□
16. 听到旁人听不到的声音	□	□	□	□	□
17. 发抖	□	□	□	□	□
18. 感到大多数人都不可信任	□	□	□	□	□
19. 胃口不好	□	□	□	□	□
20. 容易哭泣	□	□	□	□	□
21. 同异性相处时感到害羞不自在	□	□	□	□	□
22. 感到受骗、中了圈套或有人想抓住你	□	□	□	□	□
23. 无缘无故地突然感到害怕	□	□	□	□	□
24. 自己不能控制地大发脾气	□	□	□	□	□
25. 怕单独出门	□	□	□	□	□
26. 经常责怪自己	□	□	□	□	□
27. 腰痛	□	□	□	□	□
28. 感到难以完成任务	□	□	□	□	□
29. 感到孤独	□	□	□	□	□
30. 感到苦闷	□	□	□	□	□
31. 过分担忧	□	□	□	□	□
32. 对事物不感兴趣	□	□	□	□	□
33. 感到害怕	□	□	□	□	□
34. 你的感情容易受到伤害	□	□	□	□	□

（续表）

35. 旁人能知道你的私下想法	□	□	□	□	□
36. 感到别人不理解你、不同情你	□	□	□	□	□
37. 感到人们对你不友好、不喜欢你	□	□	□	□	□
38. 做事必须做得很慢以保证做得正确	□	□	□	□	□
39. 心跳得很厉害	□	□	□	□	□
40. 恶心或胃部不舒服	□	□	□	□	□
41. 感到比不上他人	□	□	□	□	□
42. 肌肉酸痛	□	□	□	□	□
43. 感到有人在监视你、谈论你	□	□	□	□	□
44. 难以入睡	□	□	□	□	□
45. 做事必须反复检查	□	□	□	□	□
46. 难以做出决定	□	□	□	□	□
47. 怕乘电车、公共汽车、地铁或火车	□	□	□	□	□
48. 呼吸有困难	□	□	□	□	□
49. 一阵阵发冷或发热	□	□	□	□	□
50. 因为感到害怕而避开某些东西、场合或活动	□	□	□	□	□
51. 脑子变空了	□	□	□	□	□
52. 身体发麻或刺痛	□	□	□	□	□
53. 喉咙有梗塞感	□	□	□	□	□
54. 感到没有前途、没有希望	□	□	□	□	□
55. 不能集中注意力	□	□	□	□	□
56. 感到身体的某一部分软弱无力	□	□	□	□	□
57. 感到紧张或容易紧张	□	□	□	□	□
58. 感到手或脚发重	□	□	□	□	□
59. 想到死亡的事	□	□	□	□	□
60. 吃得太多	□	□	□	□	□
61. 当别人看着你或谈论你时感到不自在	□	□	□	□	□
62. 有一些不属于你自己的想法	□	□	□	□	□
63. 有想打人或伤害他人的冲动	□	□	□	□	□

（续表）

64. 醒得太早	□	□	□	□	□
65. 必须反复洗手、点数目或触摸某些东西	□	□	□	□	□
66. 睡得不稳不深	□	□	□	□	□
67. 有想摔坏或破坏东西的冲动	□	□	□	□	□
68. 有一些别人没有的想法或念头	□	□	□	□	□
69. 感到对别人神经过敏	□	□	□	□	□
70. 在商店或电影院等人多的地方感到不自在	□	□	□	□	□
71. 感到任何事情都很困难	□	□	□	□	□
72. 一阵阵恐惧或惊恐	□	□	□	□	□
73. 感到在公共场合吃东西很不舒服	□	□	□	□	□
74. 常与人争论	□	□	□	□	□
75. 独自一人时神经很紧张	□	□	□	□	□
76. 别人对你的成绩没有做出恰当的评价	□	□	□	□	□
77. 即使和别人在一起也感到孤单	□	□	□	□	□
78. 感到坐立不安、心神不定	□	□	□	□	□
79. 感到自己没有什么价值	□	□	□	□	□
80. 感到熟悉的东西变得陌生或不像是真的	□	□	□	□	□
81. 大叫或摔东西	□	□	□	□	□
82. 害怕会在公共场合昏倒	□	□	□	□	□
83. 感到别人想占你的便宜	□	□	□	□	□
84. 为一些有关“性”的想法而很苦恼	□	□	□	□	□
85. 你认为应该因为自己的过错而受到惩罚	□	□	□	□	□
86. 感到要赶快把事情做完	□	□	□	□	□
87. 感到自己的身体有严重问题	□	□	□	□	□
88. 从未感到和其他人很亲近	□	□	□	□	□
89. 感到自己有罪	□	□	□	□	□
90. 感到自己的脑子有毛病	□	□	□	□	□

表 7-3 抑郁状态量表

	偶无	有时	经常	持续
1. 你感到情绪沮丧、郁闷吗？	1	2	3	4
2. 你要哭或想哭吗？	1	2	3	4
*3. 你感到早上心情最好吗？	4	3	2	1
4. 你夜间睡眠不好吗？经常早醒吗？	1	2	3	4
*5. 你吃饭像平时一样多吗？食欲如何？	4	3	2	1
6. 你感到体重减轻了吗？	1	2	3	4
*7. 你的性功能正常吗？乐意注意具有吸引力的异性，并好和他/她在一起、说话吗？	4	3	2	1
8. 你为便秘烦恼吗？	1	2	3	4
9. 你的心跳比平时快吗？	1	2	3	4
10. 你无故感到疲劳吗？	1	2	3	4
11. 你坐卧不安，难以保持平静吗？	1	2	3	4
12. 你做事情比平时慢吗？	1	2	3	4
*13. 你的头脑像往常一样清楚吗？	4	3	2	1
14. 你感到生活很空虚吗？	1	2	3	4
*15. 你对未来感到有希望吗？	4	3	2	1
*16. 你觉得决定什么事很容易吗？	4	3	2	1
17. 你比平时更容易激怒吗？	1	2	3	4
*6+18. 你仍旧喜爱自己平时喜爱的事吗？	4	3	2	1
*19. 你感到自己是有用的和不可或缺的人吗？	4	3	2	1
20. 你曾经想过自杀吗？	1	2	3	4

注：前注＊者为反序计分。

表 7-4　康奈尔医学指数量表（CMI）

指导语： 　　为了获得有关你健康方面的详细情况，以利对你的疾病进行进一步分析，请你按要求回答下面的问题，下列问题，回答“是”就请在“是”上面画圈，回答“否”就请在“否”上画圈，例如：你读报是需要戴眼镜吗？是　否　这些问题都十分简单，请你按照自己的真实情况认真填写，不要空下问题不填，希望得到你的合作。愿你早日康复。 　　谢谢！		
A.		
1. 你读报时需要戴眼镜吗？	是□	否□
2. 你看远处时需要戴眼镜吗？	是□	否□
3. 你是否经常有一时性的眼前发黑（视力下降或看不见东西）的现象？	是□	否□
4. 你是否有频繁的眨眼和流泪？	是□	否□
5. 你的眼睛是否经常有很疼？	是□	否□
5’. 你的眼睛是否经常有看物模糊的现象？	是□	否□
6. 你的眼睛是否经常发红或发炎？	是□	否□
7. 你是否耳背（听力差）？	是□	否□
8. 你是否有过中耳炎、耳朵流脓？	是□	否□
9. 你是否经常耳鸣？（耳中自觉有各种声响，以致影响听觉）	是□	否□
B.		
10. 你常常不得不为清嗓子而轻咳吗？	是□	否□
11. 你经常有嗓子发堵的感觉（感觉喉咙里有东西）吗？	是□	否□
12. 你经常连续打喷嚏吗？	是□	否□
13. 你是否觉得鼻子老是堵？	是□	否□
14. 你经常流鼻涕吗？	是□	否□
15. 你是否有时鼻子出血很厉害？	是□	否□
16. 你是否经常得重感冒？	是□	否□
16’. 你是否经常嗓子痛，扁桃体肿大？	是□	否□
17. 你是否经常有严重的慢性支气管炎（在感冒时咳嗽，吐痰拖很长时间）？	是□	否□
18. 你在得感冒时总是必须要卧床吗？	是□	否□

（续表）

18’. 你是否经常吐痰？	是□	否□
19. 是否经常感冒使你一冬天都很难受？	是□	否□
20. 你是否有过敏性哮喘？（以某些过敏因素，如花粉等为诱因的哮喘）	是□	否□
21. 你是否有哮喘？（反复发作的，暂时性的伴有喘音的呼吸困难）	是□	否□
22. 你是否经常因咳嗽而感到烦恼？	是□	否□
23. 你是否有过咯血？	是□	否□
24. 你是否有较重的盗汗（睡时出汗、醒时终止）？	是□	否□
25. 你除结核外是否患过慢性呼吸道疾病（慢性支气管炎，支气管扩张，肺脓肿）？	是□	否□
25’. 你是否有低烧（热）（37—38 摄氏度）？	是□	否□
26. 你是否得过结核病？	是□	否□
27. 你与得结核病的人在一起住过吗？	是□	否□
C.		
28. 医生说过你血压很高吗？	是□	否□
29. 医生说过你血压很低吗？	是□	否□
30. 你有胸部或心前区疼痛吗？	是□	否□
31. 你经常感到心动过速（心跳过快）吗？	是□	否□
32. 你是否经常心悸（平静时有心脏跳动的感觉）？	是□	否□
32’. 你是否经常感到脉搏有停跳？	是□	否□
33. 你是否经常感到呼吸困难？	是□	否□
34. 你是否比别人更容易发生气短（喘不上气）？	是□	否□
35. 你即使在坐着的情况下有时也会感到气短吗？	是□	否□
36. 你是否经常有严重的下肢浮肿？	是□	否□
37. 你即使在热天也因手脚发凉而烦恼吗？	是□	否□
38. 你是否经常腿抽筋？	是□	否□
39. 医生说过你心脏有毛病吗？	是□	否□
40. 你的家属中是否有心脏病人？	是□	否□
D.		
41. 你是否已脱落了一半以上的牙齿？	是□	否□

（续表）

42. 你是否因牙龈（牙床）出血而烦恼？	是□	否□
43. 你是否经常有严重的牙痛？	是□	否□
44. 你的舌苔是否常常很厚？	是□	否□
45. 你是否总是食欲不好（不想吃东西）？	是□	否□
46. 你是否经常吃零食？	是□	否□
47. 你是否吃东西时总是狼吞虎咽？	是□	否□
48. 你是否经常胃部不舒服？	是□	否□
48’. 你是否有时恶心呕吐？	是□	否□
49. 你饭后是否经常有胀满（腹部膨胀）的感觉？	是□	否□
50. 你饭后是否经常打饱嗝？	是□	否□
50’. 你是否有烧心吐酸水？	是□	否□
51. 你是否经常犯胃病？	是□	否□
52. 你是否消化不良？	是□	否□
53. 是否严重胃痛常常使你不得不弯着身子？	是□	否□
54. 你是否感到胃部持续不舒服？	是□	否□
55. 你的家属中有患胃病的人吗？	是□	否□
56. 医生说过你有胃病或十二指肠溃疡吗？	是□	否□
56. 你饭后或空腹时是否经常感到胃痛？	是□	否□
57. 你是否经常腹泻（拉肚子）？	是□	否□
58. 你腹泻时是否有严重血便（黑便或粪便中肉眼可见的血液）？	是□	否□
58. 你腹泻时大便里是否有黏液（黏稠状物质）？	是□	否□
59. 你是否因曾有过肠道寄生虫而感到烦恼？	是□	否□
60. 你是否常有严重便秘（大便干燥）？	是□	否□
61. 你是否有痔疮（大便时肛门疼痛，不适，或伴有大便表面带血或便后滴血）？	是□	否□
62. 你是否曾患过黄疸（眼、皮肤、尿发黄）？	是□	否□
63. 你是否得过严重肝胆疾病？	是□	否□
E.		
64. 你是否经常有关节肿痛？	是□	否□

（续表）

65. 你的肌肉和关节经常感到发僵或僵硬吗？	是□	否□
66. 你的胳膊或腿是否经常感到严重疼痛？	是□	否□
67. 是否严重的风湿病使你丧失活动能力？	是□	否□
67. 你是否有肩、脖子肌肉发紧的现象？	是□	否□
68. 你的家属中是否有人患风湿病？	是□	否□
69. 是否脚发软，疼痛使你的生活严重不便？	是□	否□
69. 你是否经常感到腿、脚发酸？	是□	否□
70. 腰背痛是否达到使你不能持续工作的程度？	是□	否□
71. 你是否因身体有严重的功能丧失或畸形（形态异常）而感到烦恼？	是□	否□
F.		
72. 是否你的皮肤对温度、疼痛十分敏感或有压痛？	是□	否□
72. 你是否常有皮下小出血点（小红点）？	是□	否□
73. 你皮肤上的切口通常不易愈合（长好）吗？	是□	否□
74. 你是否经常脸很红？	是□	否□
75. 即使在冷天你也大量出汗吗？	是□	否□
76. 是否严重的皮肤瘙痒（发痒）使你感到烦恼？	是□	否□
77. 你是否经常出皮疹（风疙瘩或疹子）？	是□	否□
77'. 你是否有时脸部浮肿？	是□	否□
78. 你是否经常因生疖肿（脓包）而感到烦恼？	是□	否□
G.		
79. 你是否经常由于严重头痛而感到十分难受？	是□	否□
80. 你是否经常由于头痛，头发沉而感到生活痛苦？	是□	否□
81. 你的家属中头痛常见吗？	是□	否□
82. 你是否有一阵发热，一阵发冷的现象？	是□	否□
83. 你经常有一阵阵严重头晕的感觉吗？	是□	否□
84. 你是否经常晕倒？	是□	否□
85. 你是否晕倒过两次以上？	是□	否□
86. 你身体某部分是否有经常麻木或震颤的感觉？	是□	否□
87. 你身体某部分曾经瘫痪（感觉和运动能力完全或部分丧失）过吗？	是□	否□

（续表）

88. 你是否有被撞击后失去知觉（什么都不知道）的现象？	是□	否□
89. 你头、面、肩部是否有时有抽搐（突然而迅速的肌肉抽动）的感觉？	是□	否□
90. 你是否抽过风（癫痫发作，也叫抽羊角风）？	是□	否□
91. 你的家属中有无癫痫病人？	是□	否□
92. 你是否有严重的咬指甲的习惯？	是□	否□
93. 你是否因说话结巴或口吃而烦恼？	是□	否□
93’. 你是否有过因舌头不灵活而导致说话困难？	是□	否□
94. 你是否有梦游症（睡眠时走来走去，事后不能回忆睡着时所做的事情）？	是□	否□
95. 你是否尿床？	是□	否□
96. 在8—14岁（小学和中学）阶段你是否尿床？	是□	否□
H. （男性回答）		
97. 你的生殖器是否有过某种严重毛病？	是□	否□
98. 你是否经常有生殖器疼痛或触痛（一碰就疼）的现象？	是□	否□
99. 你是否曾接受过生殖器的治疗？	是□	否□
100. 医生说过你有脱肛（直肠脱出肛门以外）吗？	是□	否□
101. 你是否有过尿血（无痛性的）？	是□	否□
102. 你是否曾因排尿困难而烦恼？	是□	否□
（女性回答）		
97. 你是否经常痛经（月经期间及前后小肚子疼）？	是□	否□
98. 你是否在月经期经常得病或感到虚弱？	是□	否□
99. 你是否经常有月经期卧床？	是□	否□
99. 除月经期外，你是否有阴道流血？	是□	否□
100. 你是否经常有持续严重的脸部潮红和出汗？	是□	否□
101. 你在月经期是否经常有焦躁情绪？	是□	否□
102. 你是否经常因白带（阴道白色黏液）异常而烦恼？	是□	否□
（男女均答）		
103. 你是否每天夜里因小便起床？	是□	否□

（续表）

104. 你是否经常白天小便次数频繁？	是□	否□
105. 你是否小便时经常有烧灼感（火烧样的疼痛）？	是□	否□
106. 你是否有时有尿失控（不能由意识来控制排尿）？	是□	否□
107. 是否医生说过你的肾、膀胱有病？	是□	否□
108. 你是否经常感到一阵一阵很疲劳？	是□	否□
109. 是否工作使你感到精疲力竭？	是□	否□
110. 你是否经常早晨起床后即感到疲倦和筋疲力尽？	是□	否□
111. 你是否稍做一点工作就感到累？	是□	否□
112. 你是否经常因累而吃不下饭？	是□	否□
113. 你是否有严重的神经衰弱？	是□	否□
114. 你的家属中是否有患神经衰弱的人？	是□	否□
J.		
115. 你是否经常患病？	是□	否□
116. 你是否经常由于患病而卧床？	是□	否□
117. 你是否总是健康不良？	是□	否□
118. 别人是否认为你体弱多病？	是□	否□
119. 你的家属中是否有易患病的人？	是□	否□
120. 你是否曾经因严重疼痛而不能工作？	是□	否□
121. 你是否总是因为担心自己的健康而受不了？	是□	否□
122. 你是否总是有病而且不愉快？	是□	否□
123. 你是否经常由于健康不好而感到不幸？	是□	否□
K.		
124. 你得过猩红热吗？	是□	否□
125. 你小时候是否得过风湿热，四肢疼痛？	是□	否□
126. 你曾患过疟疾吗？	是□	否□
127. 你由于严重贫血而接受过治疗吗？	是□	否□
128. 你接受过性病治疗吗？	是□	否□
129. 你是否有糖尿病？	是□	否□
130. 是否医生曾说过你有甲状腺肿大（粗脖子病）？	是□	否□

（续表）

131. 你是否接受过肿瘤或癌的治疗？	是□	否□
132. 你是否有什么慢性疾病？	是□	否□
132'. 你曾接受过原子辐射吗？	是□	否□
133. 你是否过瘦（体重减轻）？	是□	否□
134. 你是否过胖（体重增加）？	是□	否□
135. 是否有医生说过你有腿部静脉曲张（腿部青筋暴露）？	是□	否□
136. 你是否住院做过手术？	是□	否□
137. 你曾有过严重的外伤吗？	是□	否□
138. 你是否经常发生小的事故或外伤？	是□	否□
L.		
139. 你是否有入睡很困难或睡眠不深易醒的现象？	是□	否□
139. 你经常做梦吗？	是□	否□
140. 你是否不能做到每天有规律地放松一下（休息）？	是□	否□
141. 你是否不容易做到每天有规律地锻炼？	是□	否□
142. 你是否每天吸 20 支以上纸烟？	是□	否□
143. 你是否喝茶或喝咖啡比一般的人要多？	是□	否□
144. 你是否每天喝两次以上的白酒？	是□	否□
M.		
145. 当你考试或被提问时是否出汗很多或颤抖得很厉害？	是□	否□
146. 接近你的上级主管时是否紧张和发抖？	是□	否□
147. 当你的上级看着你工作时，你是否不知所措？	是□	否□
148. 当必须快速做事情时，你是否有头脑完全混乱的现象？	是□	否□
149. 为了避免出错，你做事必须很慢吗？	是□	否□
150. 你经常把指令或意图体会（理解）错吗？	是□	否□
151. 是否生疏的人或场所使你感到害怕？	是□	否□
152. 身边没有熟人时你是否因孤单而恐慌？	是□	否□
153. 你是否总是难以下决心（犹豫不决）？	是□	否□
154. 你是否总是希望有人在你身边给你出主意？	是□	否□
155. 别人认为你是一个很笨的人吗？	是□	否□

（续表）

156. 除了在你自己家以外，在其他任何地方吃东西都感到烦扰吗？	是□	否□
N.		
157. 你在聚会中也感到孤独和悲伤吗？	是□	否□
158. 你是否经常感到不愉快和情绪抑郁（情绪低落）？	是□	否□
159. 你是否经常哭？	是□	否□
160. 你是否总是感到凄惨与沮丧（灰心失望）？	是□	否□
161. 你是否对生活感到完全绝望？	是□	否□
162. 你是否经常想死（一死了之）？	是□	否□
O.		
163. 你是否经常烦恼（愁眉不展）？	是□	否□
164. 你的家属中是否有愁眉不展的人？	是□	否□
165. 是否稍遇任何一件小事都使你紧张和疲惫？	是□	否□
166. 是否别人认为你是一个神经质（紧张不安，易激动）的人？	是□	否□
167. 你的家属中是否有神经质的人？	是□	否□
168. 你曾患过精神崩溃吗？	是□	否□
169. 你的家属中曾有过精神崩溃的人吗？	是□	否□
170. 你在精神病院看过病吗（因为你精神方面的问题）？	是□	否□
171. 你的家属中是否有人到精神病院看过病（因为其精神方面的问题）？	是□	否□
P.		
172. 你是否经常害羞和神经过敏？	是□	否□
173. 你的家属中是否有害羞和神经过敏的人？	是□	否□
174. 你的感情是否容易受到伤害？	是□	否□
175. 你是否在受到批评时总是心烦意乱？	是□	否□
176. 别人认为你是爱挑剔的人吗？	是□	否□
177. 你是否常被人误解？	是□	否□
Q.		
178. 你即使对朋友也必须存戒心吗（不放松警惕）？	是□	否□
179. 你是否总是凭一时冲动做事情？	是□	否□

（续表）

180. 你是否容易烦恼和激怒？	是□	否□
181. 你若不持续克制自己精神就垮了吗？	是□	否□
182. 是否一点不快就使你紧张和发脾气？	是□	否□
183. 在别人支使你时是否易生气？	是□	否□
184. 别人常使你不快和激怒你吗？	是□	否□
185. 当不能马上得到你所需要的东西时你就发脾气吗？	是□	否□
186. 你是否经常大发脾气？	是□	否□
R.		
187. 你是否经常发抖和战栗？	是□	否□
188. 你是否经常紧张焦急？	是□	否□
189. 你是否会被突然的声音吓一大跳（跳起或发抖得厉害）？	是□	否□
190. 是否不管何时，当别人大声叫你时，你都被吓得发抖和发软？	是□	否□
191. 你对夜间突然的动静是否感到恐惧（害怕）？	是□	否□
192. 你是否经常因噩梦而惊醒？	是□	否□
193. 你是否头脑中经常反复出现某种恐怖（可怕的）想法？	是□	否□
194. 你是否常常毫无理由地突然感到畏惧（害怕）吗？	是□	否□
195. 你是否经常有突然出冷汗的情况？	是□	否□

表 7-5　焦虑自评量表

姓名　　　　　　　　　　性别　　　　　　　　　　年龄

填表注意事项：

下面有 20 条文字，请仔细阅读每一条，把意思弄明白，然后根据你最近一星期的实际感觉，在适当的方格里画一个勾，每一条文字后有 5 个方格，表示：A. 没有或很少时间；B. 少部分时间；C. 相当多时间；D. 绝大部分或全部时间；E. 由工作人员评定。

	A	B	C	D	E
1. 我觉得比平常容易紧张和着急	□	□	□	□	□
2. 我无缘无故地感到害怕	□	□	□	□	□
3. 我容易心里烦乱或觉得惊恐	□	□	□	□	□
4. 我觉得可能要发疯	□	□	□	□	□
5. 我觉得一切都很好，也不会发生什么不幸	□	□	□	□	□

（续表）

	A	B	C	D	E
6. 我手脚发抖打战	□	□	□	□	□
7. 我因为头痛、头颈痛和背痛而苦恼	□	□	□	□	□
8. 我感觉容易衰弱和疲乏	□	□	□	□	□
9. 我觉得心平气和，并且容易安静地坐着	□	□	□	□	□
10. 我觉得心跳得很快	□	□	□	□	□
11. 我因为一阵阵头晕而苦恼	□	□	□	□	□
12. 我有晕倒发作，或觉得要晕倒似的	□	□	□	□	□
13. 我吸气呼气都感到很容易	□	□	□	□	□
14. 我手脚麻木和刺痛	□	□	□	□	□
15. 我因为胃痛和消化不良而苦恼	□	□	□	□	□
16. 我常常要小便	□	□	□	□	□
17. 我手常常是干燥温暖的	□	□	□	□	□
18. 我脸红发热	□	□	□	□	□
19. 我容易入睡并且睡得很好	□	□	□	□	□
20. 我做噩梦	□	□	□	□	□

表 7-6 简明精神病量表

圈出最适合病人情况的分数									
依据口头叙述	依据检测观察	未测	无	很轻	轻度	中度	偏重	重度	极重
1. 关心身体健康									
2. 焦虑									
3. 感情交流障碍									
4. 概念紊乱									
5. 罪恶观念									
6. 紧张									
7. 装相和作态									
8. 夸大									

（续表）

9. 心境抑郁									
10. 敌对性									
11. 猜疑									
12. 幻觉									
	13. 动作迟缓								
	14. 不合作								
15. 不寻常思维内容									
	16. 情感平淡								
	17. 兴奋								
18. 定性障碍									

总分：

焦虑忧郁因子：　　缺乏活力因子：　　思维障碍因子：

激活性因子：　　敌对猜疑因子：

表 7-7　社会功能缺陷评定量表（SDSS）

姓名________　性别________　年龄________　评定日期　　评定医生总分：

1. 职业和工作（　）

0 分：无异常，或仅有不引起抱怨或问题的小事。

1 分：确有功能缺陷：水平明显下降，成为问题或诉苦（包括间歇性出现的严重问题）。

2 分：严重功能缺陷：有受处罚或受谴责的危险，或已经受了处罚或谴责。

2. 婚姻职能（　）

0 分：无异常，或仅有不引起抱怨或问题的小事。

1 分；确有功能缺陷：不支持或不交换意见，争吵，逃避对对方应负的责任。

2 分：严重功能缺陷：经常争吵，一肚子怨气，或者完全不理对方。

3. 父母职能（　）

0 分：无异常，或仅有不引起抱怨或问题的小事。

1 分：确有功能缺陷：对子女缺乏关怀兴趣，以致引起抱怨和意见，孩子情况不佳。

2 分：严重功能缺陷：在几个方面完全不管子女，别人不得不替他照顾孩子，或者孩子处于明显无人照顾状态。

4. 社会性退缩（　）

0 分：无异常，或非常轻微。

（续表）

1分：确有回避他人，但有时可被说服参加一些活动。 2分：严重退缩，不参加任何社交活动，说服无效。 5. 家庭外的社会活动（ ） 0分：无异常，或仅轻微。 1分：确有不参加某些活动，而在家人或其他人看来他是应该也能够参加的。 2分：无活动，完全回避应参加的活动，因此受到批评。 6. 家庭内活动（ ） 0分：无，很偶然地出现。 1分：大多数日子，每天估计至少有两个小时什么也不干。 2分：几乎整天什么也不干，成了问题，或引起议论。 7. 家庭职能（ ） 0分：无功能缺陷，或很轻微。 1分：确有功能缺陷：不履行义务，参与家庭活动差。 2分：严重功能缺陷：不理家人，几乎不参加家庭活动，很孤独。 8. 个人生活自理（ ） 0分：无异常，或很轻微。 1分：确有功能缺陷：水平差，以致造成问题或引起抱怨。 2分：严重功能缺陷：影响了别人和自己，引起一大堆抱怨。 9. 对外界的兴趣和关心（ ） 0分：无异常，或很轻微。 1分：不大关心，只偶尔有真正关心。 2分：对外界一切完全不闻不问。 10. 责任心和计划性（ ） 0分：无异常，或很轻微。 1分：对进步和未来确有不关心，以致引起别人抱怨。 2分：完全不关心和没有主动性，对未来一点也不考虑。

表7-8 成人人际关系量表

	是	否
1. 关于自己的烦恼有口难言		
2. 和生人见面感觉不自然		
3. 过分地羡慕和妒忌别人		
4. 与异性交往太少		
5. 对连续不断的会谈感到困难		
6. 在社交场合感到紧张		

（续表）

	是	否
7. 时常伤害别人		
8. 与异性来往感觉不自然		
9. 与一大群朋友在一起，常感到孤寂或失落		
10. 极易受窘		
11. 与别人不能和睦相处		
12. 不知道与异性相处如何适可而止		
13. 当不熟悉的人对自己倾诉他的生平遭遇以求同情时，自己常感到不自在		
14. 担心别人对自己有什么坏印象		
15. 总是尽力使别人赏识自己		
16. 暗自思慕异性		
17. 时常避免表达自己的感受		
18. 对自己的仪表（容貌）缺乏信心		
19. 讨厌某人或被某人所讨厌		
20. 瞧不起异性		
21. 不能专注地倾听		
22. 自己的烦恼无人可申诉		
23. 受别人排斥与冷漠		
24. 被异性瞧不起		
25. 不能广泛地听取各种意见、看法		
26. 自己常因受伤害而暗自伤心		
27. 常被别人谈论、愚弄		
28. 常被异性交往不知如何更好地相处		

表 7-9　成人心理压力量表

请根据实际情形，从 1—5 中间，选取一个适当的值来作答。1. 几乎总是；2. 经常；3. 偶尔；4. 几乎不；5. 从来没有					
	1	2	3	4	5
1. 我一天至少吃一顿均衡的膳食					

（续表）

2. 一星期中至少 4 天以上，我有充足的睡眠（7—8 小时）					
3. 我经常付出，同时也接受情感					
4. 在我身旁，至少有一位值得信任并可依靠的亲人					
5. 一周至少运动两次（到出汗才算）					
6. 一星期喝酒不超过 5 次					
7. 一天抽烟不超过半包					
8. 由身高的比例来看，我体重适中					
9. 我的收入足敷生活上基本消费					
10. 我由信仰中得到力量					
11. 我经常参加社团、俱乐部					
12. 我有一伙好朋友及熟人					
13. 我至少有一个私事上可信赖的朋友					
14. 我身体各方面都很健康					
15. 当生气或忧烦时，我都能公开地表达出内心的感受					
16. 我与同住的人经常谈论日常生活中的问题					
17. 我一周至少有一次娱乐					

表 7-10　社会适应能力量表

	是	无法肯定	否
1. 对自己的某次失败，我绝对不会提及，就怕被别人抓住自己的弱点			
2. 每到一个新的地方，我很容易同别人接近			
3. 在陌生人面前，我常无话可说，以致感到尴尬			
4. 我最喜欢学习新知识或新学科，它给我一种新鲜感，能调动我的积极性			
5. 每到一个新地方，我第一天总是睡不好，就是在家里，只要换一张床，有时也会失眠			
6. 不管生活条件有多大变化，我也能很快习惯			
7. 越是人多的地方，我越感到紧张			

（续表）

	是	无法肯定	否
8. 在正式比赛或考试时，我的成绩多半不会比平时练习差			
9. 我最怕在班上发言，全班同学都看着我，心都快跳出来了			
10. 即使有的同学对我有看法，我仍能同他（她）交往			
11. 老师在场的时候，我做事情总有些不自在			
12. 和同学、家人相处，我很少固执己见，乐于采纳别人的看法			
13. 同别人争论时，我常常感到语塞，事后才想起该怎样反驳对方，可惜已经太迟了			
14. 我对生活条件要求不高，即使生活条件很艰苦，我也能过得很愉快			
15. 有时自己明明把课文背得滚瓜烂熟，可在课堂上背的时候，还是会出差错			
16. 在决定胜负成败的关键时刻，我虽然很紧张，但总能很快使自己镇定下来			
17. 我不喜欢的东西，不管怎么学也学不会			
18. 在嘈杂混乱的环境里，我仍然能集中精力学习，并且效率较高			
19. 我不喜欢陌生人来家里做客，每逢这种情况，我就有意回避			
20. 我很喜欢参加社交活动，我感到这是交朋友的好机会			

表 7–11　心理适应性量表

1. 假如把每次考试的试卷拿到一个安安静静、无人监考的房间里去做，我的成绩一定会好一些。

A. 很对　B. 对　C. 无所谓　D. 不对　E. 很不对

2. 夜间走路，我能比别人看得更清楚。

A. 是　B. 好像是　C. 不知道　D. 好像不是　E. 不是

3. 每次离开家到一个新地方，我总爱闹点毛病，如失眠、拉肚子、皮肤过敏等。

A. 完全对　B. 有些对　C. 不知道　D. 不太对　E. 不对

4. 我在正式运动会上取得的成绩常比体育课或平时练习成绩好些。

A. 是　B. 似乎是　C. 吃不准　D. 似乎不是　E. 正相反

（续表）

5. 我每次明明把课文背得滚瓜烂熟了，可在课堂上背的时候，却总要出点差错。
A. 经常是 B. 有时是 C. 吃不准 D. 很少这样 E. 没有这样
6. 开会轮到我发言时，我似乎比别人更镇定、发言也显得很自然。
A. 对 B. 有些对 C. 不知道 D. 不太对 E. 正相反
7. 我冬天比别人更怕冷，夏天比别人更怕热。
A. 是 B. 好像是 C. 不知道 D. 好像不是 E. 不是
8. 在嘈杂、混乱的环境里，我仍能精力集中地学习、工作，效率并不大幅度降低。
A. 对 B. 略对 C. 吃不准 D. 有些不对 E. 正相反
9. 每次检查身体，医生都说我“心跳过速”，其实平时我脉搏很正常。
A. 是 B. 有时是 C. 时有时无 D. 很少有 E. 根本没有
10. 如果需要的话，我可以熬一个通宵，精力充沛地工作或学习。
A. 是 B. 有时候是 C. 无所谓 D. 很少是 E. 完全不是
11. 当父母或兄弟姐妹的朋友来家做客时，我尽量回避他们。
A. 是 B. 有时是 C. 不一定 D. 很少是 E. 完全不是
12. 出门在外，虽然吃饭、睡觉、环境等变化很大，可是我很快就能习惯。
A. 是 B. 有时是 C. 不一定 D. 很少是 E. 完全不是
13. 参加各种比赛时，赛场上越热烈，群众越加油，我的成绩反而越上不去。
A. 是 B. 有时是 C. 不一定 D. 很少是 E. 不是
14. 上课回答问题或开会发言时，我能镇定自若地把事先想好的一切都完整地说出来。
A. 对 B. 较对 C. 不一定 D. 不太对 E. 不对
15. 我觉得一个人做事比大家一起干效率高些，所以我愿意一个人做事。
A. 是 B. 好像是 C. 不一定 D. 好像不是 E. 不是
16. 为了求得和睦相处，我常常放弃自己的意见，附和大家。
A. 是 B. 有时是 C. 不一定 D. 很少是 E. 根本不是
17. 当着众人和生人的面，我感到窘迫。
A. 是 B. 有时是 C. 不一定 D. 很少是 E. 不是
18. 无论情况多么紧迫，我都能注意到该注意的细节，不丢三落四。
A. 对 B. 较对 C. 不一定 D. 不太对 E. 不对
19. 和别人争吵起来时，我常常哑口无言，事后才想起该怎样反驳对方，可是已经晚了。
A. 是 B. 有时是 C. 不一定 D. 很少是 E. 不是
20. 我每次参加正式考试或考核的成绩，常常比平时的成绩更好些。
A. 是 B. 有时是 C. 不一定 D. 很少是 E. 不是

表 7–12　社会支持问卷

姓名：　　性别：　　年龄：
文化程度：　　职业：　　婚姻情况：
住址或工作单位：　　填表日期：　　年　　月　　日

指导语：

下面的问题用于反映你在社会中所获得的支持，请按各个问题的具体要求，根据你的实际情况写，谢谢你的合作。

1. 你有多少关系密切，可以得到支持和帮助的朋友？（只选一项）

（1）1 个也没有　（2）1—2 个　（3）3—5 个　（4）6 个或 6 个以上

2. 近一年来你：（只选一项）

（1）远离家人，且独居一室　（2）住处经常变动，多数时间和陌生人住在一起

（3）和同学、同事或朋友住在一起　（4）和家人住在一起

3. 你和邻居：（只选一项）

（1）相互之间从不关心，只是点头之交　（2）遇到困难可能稍微关心

（3）有些邻居很关心你　（4）大多数邻居都很关心你

4. 你和同事：（只选一项）

（1）相互之间从不关心，只是点头之交　（2）遇到困难可能稍微关心

（3）有些同事很关心你　（4）大多数同事都很关心你

5. 从家庭成员得到的支持和照顾（在合适的框内划“√”）

	无	极少	一般	全力支持
A. 夫妻（恋人）				
B. 父母				
C. 儿女				
D. 兄弟姐妹				
E. 其他成员（如嫂子）				

6. 过去，在你遇到急难情况时，曾经得到的经济支持和解决实际问题的帮助的来源有：

（1）无任何来源

（2）下列来源（可选多项）

A. 配偶；B. 其他家人；C. 亲戚；D. 同事；E. 工作单位；F. 党团工会等官方或半官方组织；G. 宗教、社会团体等非官方组织；H. 其他（请列出）______

7. 过去，在你遇到急难情况时，曾经得到的安慰和关心的来源有：

（1）无任何来源

（2）下列来源（可选多项）

A. 配偶；B. 其他家人；C. 亲戚；D. 同事；E. 工作单位；F. 党团工会等官方或半官方组织；G. 宗教、社会团体等非官方组织；H. 其他（请列出）______

（续表）

8. 你遇到烦恼时的倾诉方式：(只选一项) （1）从不向任何人倾诉　（2）只向关系极为密切的1—2个人倾诉 （3）如果朋友主动询问你会说出来 （4）主动倾诉自己的烦恼，以获得支持和理解 9. 你遇到烦恼时的求助方式：(只选一项) （1）只靠自己，不接受别人帮助　（2）很少请求别人帮助 （3）有时请求别人帮助　（4）有困难时经常向家人、亲友、组织求援 10. 对于团体（如党组织、宗教组织、工会、学生会等）组织活动，你：(只选一项) （1）从不参加　（2）偶尔参加　（3）经常参加　（4）主动参加并积极活动

表 7-13　心理年龄测试量表

	是	介于是、否之间	否
1. 下决心做某事后便小题大做			
2. 往往凭经验办事			
3. 对任何事情都有探索精神			
4. 说话慢而且啰唆			
5. 健忘			
6. 烦心、怕做事、不想活动			
7. 喜欢计较小事			
8. 喜欢参加各种活动			
9. 日益固执起来			
10. 对什么事情都有好奇心			
11. 有强烈的生活追求			
12. 难以控制感情			
13. 容易嫉妒别人，易悲伤			
14. 见到不合理的事不那么气愤			
15. 不喜欢看言情小说			
16. 对电影和爱情小说日益失去兴趣			
17. 做事情缺乏持久性			

（续表）

	是	介于是、否之间	否
18. 不愿意改变旧习惯			
19. 喜欢回忆过去			
20. 学习新鲜事物感到困难			
21. 过分注意自己身体的变化			
22. 生活兴趣的范围变小了			
23. 看书的速度加快			
24. 动作不够灵活			
25. 消除疲劳感很慢			
26. 晚上不如早晨和上午头脑清醒			
27. 对生活中的挫折感到烦恼			
28. 缺乏自信心			
29. 集中精力思考有困难			
30. 工作效率低			

表 7-14　生活事件量表

性别：　　年龄：　　职业：　　婚姻状况：　　填表日期：　年　月　日

指导语：

下面是每个人都有可能遇到的一些日常生活事件，究竟是好事还是坏事，可根据个人情况自行判断。这些事件可能对个人有精神上的影响（体验为紧张、压力、兴奋或苦恼等），影响的轻重程度是各不相同的。影响持续的时间也不一样。请你根据自己的情况，实事求是地回答下列问题，填表不记名字，完全保密，请在合适的答案上打勾。

生活事件名称	事件发生时间				性质		精神影响程度					影响持续时间				备注
	未发生	一年前	一年内	长期性	好事	坏事	无影响	轻度	中度	重度	极重	三月内	半年内	一年内	一年以上	
举例：房屋拆迁			√			√							√			
家庭有关问题																
1. 恋爱或订婚																

（续表）

2. 恋爱失败、破裂																
3. 结婚																
4. 自己（爱人）怀孕																
5. 自己（爱人）流产																
6. 家庭增添新成员																
7. 与爱人父母不和																
8. 夫妻感情不好																
9. 夫妻分居（因不和）																
10. 性生活不满意或独身																
11. 夫妻两地分居（工作需要）																
12. 配偶一方有外遇																
13. 夫妻重归于好																
14. 超指标生育																
15. 本人（爱人）做绝育手术																
16. 配偶死亡																
17. 离婚																
18. 子女升学（就业）失败																
19. 子女管教困难																
20. 子女长期离家																
21. 父母不和																
22. 家庭经济困难																
23. 欠债500元以上																
24. 经济情况显著改善																
25. 家庭成员重病或重伤																
26. 家庭成员死亡																
27. 本人重病或重伤																

（续表）

28. 住房紧张																
工作学习中的问题																
29. 待业、无业																
30. 开始就业																
31. 高考失败																
32. 扣发奖金或罚款																
33. 突出的个人成就																
34. 晋升、提级																
35. 对现职工作不满意																
36. 工作学习中压力大（如成绩不好）																
37. 与上级关系紧张																
38. 与同事邻居不和																
39. 第一次远走他乡																
40. 生活规律重大变动（饮食睡眠规律改变）																
41. 本人退休离休或未安排具体工作																
社交与其他问题																
42. 好友重病或重伤																
43. 好友死亡																
44. 被人误会、错怪、诬告、议论																
45. 介入民事法律纠纷																
46. 被拘留、受审																
47. 失窃、财产损失																
48. 意外惊吓、发生事故、自然灾害																
如果你还经历过其他的生活事件，请依次填写																
49.																
50.																

表 7-15 防御方式问卷

指导语：

请仔细阅读每一个问题，然后根据自己的实际情况认真填写，不要去猜测怎样才是正确的答案，因为这里不存在正确或错误的答案。每个问题有 9 个答案，分别用 1、2、3、4、5、6、7、8、9 来表示：

1：完全反对

2：很反对

3：比较反对

4：稍微反对

5：既不反对也不同意

6：稍微同意

7：比较同意

8：很同意

9：完全同意

请注意：

每个问题只准有一个答案，写上相应的数字。每个问题都要回答，把方法看懂后再答。全表共有 88 个问题。

举例：

北京是中国的首都

完全不同意 1、2、3、4、5、6、7、8、9 完全同意

注：反对 = 不同意

1. 我从帮助他人而获得满足，如果不这样做，我就会变得情绪抑郁。
2. 人们常说我是个脾气暴躁的人。
3. 在我没有时间处理某个棘手的事情时，我可以把它搁置一边。
4. 人们总是不公平地对待我。
5. 我通过做一些积极的或预见性的事情来摆脱自己的焦虑不安，如绘画、做木工活等。
6. 偶尔，我把一些今天该做的事情推迟到明天做。
7. 我不知道为什么总是遇到相同的受挫情境。
8. 我能够相当轻松地嘲笑我自己。
9. 我受到挫折时，表现就像个孩子。
10. 在维护我的利益方面，我羞于与人计较。
11. 我比我认识的人中大多数都强。
12. 人们往往虐待我。
13. 如果某人骗了我的钱，我宁愿他得到帮助，而不是受惩罚。
14. 偶尔，我想一些坏得不能说出口的事情。
15. 偶尔，我因一些下流的笑话而大笑。
16. 人们说我像一只驼鸟，把自己的头埋入沙中，换句话说，我往往有意忽视一些不愉快的事情。

（续表）

17. 我常常不能竭尽全力地与人竞争。
18. 我常感到多比和我在一起的人强。
19. 某人正在想剥夺我所得到的一切。
20. 我有时发怒。
21. 我时常在某种内在力量的驱使下，不由自主地做出些行为。
22. 我宁愿饿死而不愿被迫吃饭。
23. 我常常故意忽视一些危险，似乎我是个超人。
24. 我以有贬低别人威望的能力而自豪。
25. 人们告诉我：我总有被害的感觉。
26. 有时感觉不好时，我就发脾气。
27. 当某些事情使烦恼时，我常常不由自主地做出些行为。
28. 当遇事不顺心时，我就会生病。
29. 我是个很有自知力的人。
30. 我简直就像一个不得志的艺术家一样。
31. 我不总是说真话。
32. 当我感到自尊心受伤害时，我就会回避。
33. 我常常不由自主地迫使自己干些过头的事情，以至于其他人不得不限制我。
34. 我的朋友们把我看作乡巴佬儿。
35. 在我愤怒的时候，我常常回避。
36. 我往往对那些确实对我友好的人，比我应该怀疑的人保持更高的警惕性。
37. 我已学得特殊的才能，足以使我毫无问题地度过一生。
38. 有时，在选举的时候，我往往选那些我几乎不了解的人。
39. 我常常不能按时赴约。
40. 我幻想得多，可在现实生活中做得少。
41. 我羞于与人打交道。
42. 我什么都不怕。
43. 有时我认为我是个天使，有时我认为我是个恶魔。
44. 在比赛时，我只能赢而不能输。
45. 在我愤怒的时候，我变得很愿挖苦人。
46. 在我自尊心受伤害时，我就公开反击。
47. 我认为当我受伤害时，我就应该翻脸。
48. 我每天读报时，不是每个版面都读。
49. 我沮丧时，就会避开。
50. 我对性问题感到害羞。
51. 我总是感到我所认识的某个人像个保护神。
52. 我的处世哲学是：“非礼勿信，非礼勿做，非礼勿视。”
53. 我认为：人有好坏之分。
54. 如果我的上司惹我生气，我可能会在工作中找麻烦或磨洋工，以报复他。

（续表）

55. 每个人都和我对着干。
56. 我往往对那些我讨厌的人而表示友好。
57. 如果我乘坐的飞机的一个发动机失灵，我就会非常紧张。
58. 我认识这样一个人，他什么都能做而且做得合理正直。
59. 如果我感情的发泄会妨碍我正从事的事业，那么我就能控制住它。
60. 一些人正在密谋害我。
61. 我通常可以看到恶境当中好的一面。
62. 在不得不去做一些我不愿做的事情时，我就头痛。
63. 我常常发现我对那些理应仇视的人，表示很友好。
64. 我认为："人人都有善意"是不存在的，如果你不好那么你一切都不好。
65. 我决不会对那些我讨厌的人表示愤怒。
66. 我确信生活对我是不公正的。
67. 在严重的打击下，我就会垮下来。
68. 在我意识到不得不面临一场困境的时候，如考试、招工会谈，我就试图想象它会如何，并计划出一些方法去应付它。
69. 医生们决不会真的弄清我患的是什么病。
70. 当某个和我很亲近的人死去时，我并不悲伤。
71. 在我为了利益和人争斗之后，我往往因为我的粗鲁而向人道歉。
72. 发生与我有关的大部分事情并不是我的责任。
73. 当我感觉情绪压抑或焦虑不安时，吃点东西，可以使我感觉好些。
74. 勤奋工作使我感觉好些。
75. 医生不能真的帮我解决问题。
76. 我常听人们说我不暴露自己的感情。
77. 我认为，人们在看电影、戏剧或书籍对所领悟的意义，比这些作品所要表达的意义要多。
78. 我感觉到我有一些不由自主要去做的习惯或仪式行为，给我带来很多麻烦。
79. 当我紧张时，就喝酒或吃药。
80. 当我心情不愉快时，就想和别人待在一起。
81. 如果我能够预感到我会沮丧的话，我就能更好地应付它。
82. 无论我怎样发牢骚，从未得到过满意的结果。
83. 我常常发现当环境要引起我强烈的情绪反应时我就会麻木不仁。
84. 忘我的工作，可使我摆脱情绪上的忧郁和焦虑。
85. 紧张的时候，我就吸烟。
86. 如果我陷入某种危机时，我就地寻找另一个和我具有同样命运的人。
87. 如果我做错了事情，不能受责备。
88. 如果我有攻击他人的想法，我就感觉有种做点事情的需要，以转移这种想法。

表 7-16 情商（EQ）测试

第 1—9 题：

请从下面的问题中，选择一个和自己最切合的答案，但要尽可能少选中性答案。

1. 我有能力克服各种困难：____
A. 是的　　B. 不一定　　C. 不是的

2. 如果我能到一个新的环境，我要把生活安排得：____
A. 和从前相仿　　B. 不一定　　C. 和从前不一样

3. 一生中，我觉得自己能达到所预想的目标：____
A. 是的　　B. 不一定　　C. 不是的

4. 不知为什么，有些人总是回避或冷淡我：____
A. 不是的　　B. 不一定　　C. 是的

5. 在大街上，我常常避开我不愿打招呼的人：____
A. 从未如此　　B. 偶尔如此　　C. 有时如此

6. 当我集中精力工作时，假使有人在旁边高谈阔论：____
A. 我仍能专心工作　　B. 介于 A、C 之间　　C. 我不能专心且感到愤怒

7. 我不论到什么地方，都能清楚地辨别方向：____
A. 是的　　B. 不一定　　C. 不是的

8. 我热爱所学的专业和所从事的工作：____
A. 是的　　B. 不一定　　C. 不是的

9. 气候的变化不会影响我的情绪：____
A. 是的　　B. 介于 A、C 之间　　C. 不是的

第 10—16 题：

请如实选答下列问题，将答案填入右边横线处。

10. 我从不因流言蜚语而生气：____
A. 是的　　B. 介于 A、C 之间　　C. 不是的

11. 我善于控制自己的面部表情：____
A. 是的　　B. 不太确定　　C. 不是的

12. 在就寝时，我常常：____
A. 极易入睡　　B. 介于 A、C 之间　　C. 不易入睡

13. 有人侵扰我时，我：____
A. 不露声色　　B. 介于 A、C 之间　　C. 大声抗议，以泄己愤

14. 在和人争辩或工作出现失误后，我常常感到震颤，精疲力竭，而不能继续安心工作：____
A. 不是的　　B. 介于 A、C 之间　　C. 是的

15. 我常常被一些无谓的小事困扰：____
A. 不是的　　B. 介于 A、C 之间　　C. 是的

16. 我宁愿住在僻静的郊区，也不愿住在嘈杂的市区：____
A. 不是的　　B. 不太确定　　C. 是的

（续表）

第 17—25 题：

在下面问题中，每一题请选择一个和自己最切合的答案，同样少选中性答案。

17. 我被朋友、同事起过绰号、挖苦过：____

A. 从来没有　　B. 偶尔有过　　C. 这是常有的事

18. 有一种食物使我吃后呕吐：____

A. 没有　　B. 记不清　　C. 有

19. 除去看见的世界外，我的心中没有另外的世界：____

A. 没有　　B. 记不清　　C. 有

20. 我会想到若干年后有什么使自己极为不安的事：____

A. 从来没有想过　　B. 偶尔想到过　　C. 经常想到

21. 我常常觉得自己的家庭对自己不好，但是我又确切地知道他们的确对我好：____

A. 否　　B. 说不清楚　　C. 是

22. 每天我一回家就立刻把门关上：____

A. 否　　B. 不清楚　　C. 是

23. 我坐在小房间里把门关上，但我仍觉得心里不安：____

A. 否　　B. 偶尔是

24. 当一件事需要我做决定时，我常觉得很难：____

A. 否　　B. 偶尔是　　C. 是

25. 我常常用抛硬币、翻纸、抽签之类的游戏来预测凶吉：____

A. 否　　B. 偶尔是　　C. 是

第 26—29 题：

下面各题，请按实际情况如实回答，仅需回答“是”或“否”即可，在你选择的答案后打“√”。

26. 为了工作我早出晚归，早晨起床我常常感到疲惫不堪：是____否____

27. 在某种心境下，我会因为困惑陷入空想，将工作搁置下来：是____否____

28. 我的神经脆弱，稍有刺激就会使我战栗：是____否____

29. 睡梦中，我常常被噩梦惊醒：是____否____

第 30—33 题：

本组测试共 4 题，每题有 5 种答案，请选择与自己最切合的答案，在你选择的答案下打“√”。

答案标准如下：

1：从不；2：几乎不；3：一半时间；4：大多数时间；5：总是。

30. 工作中我愿意挑战艰巨的任务。 1 2 3 4 5

31. 我常发现别人好的意愿。 1 2 3 4 5

32. 能听取不同的意见，包括对自己的批评。 1 2 3 4 5

33. 我时常勉励自己，对未来充满希望。 1 2 3 4 5

第八章

招聘甄选伦理

君子立本，未立道而生

——孔子

在韦伯大辞典中，伦理被定义为“符合特定职业或特定群体的行为标准”。在招聘与甄选的过程中，作为一名人力资源经理人，应具备什么样的行为标准呢？毫无疑问，最重要的是“公平”二字。但如何才能做到公平？采取何种标准？除了做到公平，还应有什么样的行为标准与职业守则呢？在本章中，笔者将尽可能从工作的实际角度出发做一些探索。

一、就业公平

在《中华人民共和国就业促进法》中，公平就业被作为第三章出现在法律条文中。总则中也明确规定：“劳动者享有平等就业和自主择业的权利。劳动者就业，不因民族、种族、性别、宗教信仰等不同而受歧视。”法律要求“用人单位招用人员……应向劳动者提供平等的就业机会和公平的就业条件，不得实施就业歧视”，并提出了男女平等，各民族劳动者平等，不歧视残疾人、传染病病原携带者，农村劳动者进城就业公平五个方面的就业歧视规避条件。

《就业促进法》中给出了就业公平的概念，即保障就业公平应该首先提供平等的就业机会。招录要求一旦公布，对于符合招聘简章的求职者，就都有应聘的权利与“机会”。其次是公平的就业条件，即同一岗位的招聘要求应对所有该岗位的求职者相同、一致。而在后面五类歧视的规避中，各民族劳动者都平等一项，笔者在实际工作中并未遇到过，所以在下文中按实际情况做一些论述。

（一）招聘甄选中的性别歧视

在最近一组全球劳动参与率的调查中，中国人又一次以极高的劳动参与率高居全球榜首。

数据显示，中国劳动参与率达到76%，也就是说，只有24%的中国人待在家里无所事事，其中还包括老人和孩子。相比之下，美国只有65%，日本只有58%，印度的劳动参与率只有55%。

另外，中国女人的劳动参与率接近70%，比法国男性62%的劳动参与率还要高，这就是说，中国女人比法国男人还要勤劳，养家意识还要强。

《2016中国劳动力市场发展报告》中也显示，我国女性劳动参与率虽有下降，但仍高于世界平均水平。2014年，与世界女性劳动参与率平均水平50.3%相比，中国女性的劳动参与率依然要高出约14个百分点。

以上关于女性就业率的数据显示了中国女性的勤劳、坚忍。但是《2016中国劳动力市场发展报告》的数据显示，在对2007年、2013年的男女收入对比中发现，女性收入占男性收入的比例分别为2007年的73.9%和2013年的78.2%。

女性劳动参与率如此之高，但是所获得的收入却如此之少，不得不令人侧目。

但最近的放开二孩政策后显现出的对女性就业的影响，是笔者的切身感受。以下是笔者对女性就业情况的一些分析。

1. 就业机会的性别差异

随着考试上岗这一人员招聘形式的发展，女性在考试方面的优势也日益显现，尤其是在公务员、事业单位及国有企业的人员招聘考试中，女性应聘者的成绩明显高于男性，但是有些岗位的工作特点，显现出男性优于女性的倾向，加深了男女在岗位应聘方面的不平等化。

除了工作特性对性别的要求之外，男女工作机会不平等体现得更为深刻。一方面，以高素质女性为代表的优秀女性成为社会标杆，在各行各业发展中作用日益凸显；另一方面，越来越多的普通女性在低素质要求、低工资补助、低福利保障、低技术含量的服务业、劳动密集型产业中工作。在董明珠成为社会对女性就业弱势地位言论的“反抗”的时候，更多的女性却拿着低于同行业男性20%以上的工资，做着最基础的、反复的工作。就业女性内部的这种分化，是非常严重的。

2. 无可厚非的女性保护

女性由于生理特点在劳动中需要特殊保护。

2012年4月28日公布执行的《女职工劳动保护特别规定》中，对女职工禁忌的劳动范围、特殊时期的权利保护等做出了明确的规定。

《中华人民共和国妇女权益保障法》第二十六条规定，任何单位均应根据妇女的特点，依法保护妇女在工作和劳动时的安全和健康，不得安排不适合妇女从事的工作和劳动。妇女在经期、孕期、产期、哺乳期受特殊保护。

对于女职工的保护总体如下：（经期）不得安排女职工在经期从事高处、低温、冷水作业和国家规定的第三级体力劳动强度的劳动。（孕期）不得安排女职工在怀孕期间从事国家规定的第三级体力劳动强度的劳动和孕期禁忌从事的劳动。对怀孕七个月以上的女职工，不得安排其延长工作时间和夜班劳动。不得安排女职工在哺乳未满一周岁的婴儿期间从事国家规定的第三级体力劳动强度的劳动和哺乳期禁忌从事的其他劳动，不得安排其延长工作时间和夜班劳动。

3. 与孕产有关的假期

《女职工劳动保护特别规定》第七条规定，女职工生育享受98天产假，其中产前可以休假15天；难产的，应增加产假15天；生育多胞胎的，每多生育1个婴儿，可增加产假15天。女职工怀孕未满4个月流产的，享受15天产假；怀孕满4个月流产的，享受42天产假。

第九条规定，对哺乳未满1周岁婴儿的女职工，用人单位不得延长劳动时间或者安排夜班劳动。用人单位应当在每天的劳动时间内为哺乳期女职工安排1小时哺乳时间；女职工生育多胞胎的，每多哺乳1个婴儿每天增加1小时哺乳时间。

4. 开放二孩后对女性就业的影响

开放二孩后，对于未生育的女性，企业原本只用负担女性员工一次生育影响工作的成本，变为负担双倍成本，也意味着女性的终身生产效率的再次下降，且女性需要对家庭投入更多的时间及精力，势必会影响其工作状态，企业为减少这部分风险及损失，会减少女性职工，尤其是已婚未育女职工的招收。可以说，多数女性的有效职业生命就是从学校毕业到生育前的不到十年的时间。试问，企业还有多少意愿“等待”和照顾女性员工？

在其他行业，女性就业遭遇阻碍，得不到原本的“安全感”，且制度上缺少对女性就业的完善保护，更多的女性会选择转向更加可靠安慰的体制内就业。对于女性来说本来就是热门的公务员、事业单位、国企等职位，在开放二孩后竞争将变得更加激烈。再加上前文所述的体制内工作岗位对男性的“偏好”倾向，会使男女就业差异更加明显。

5. 请谨慎地照顾“妇女”

法定的女性假期有时会加重就业歧视，所以应该辩证地看待“维护妇女权益”。婚假、产假以及相关假期的延长，固然是对妇女的保护，但过度的保护使企业在录用女性员工时，不得不考虑女性的生产、对家庭的照顾等情况对工作的实质的影响。

放开二孩后，笔者服务的几家国企，在前期招录人员沟通时都表示对录用女职工比例的担忧。而这种担忧更多的是来自他们工作的现状，在办公室里频繁出现的女职工请假休息、岗位上大面积缺岗，都导致他们对于录用女职工的忧虑。

希望有关部门能考虑到实际发生的情况，在保障女职工权益与使女职工能履行岗位职责之间找到平衡点。

（二）招聘甄选中的地域歧视

地域的刻板效应真实地存在。不仅仅是 HN 人怎么样，具体到某省，还有某县人怎么样，具体到某县又有某镇人怎么样。

希望在招录的过程中，一个职业化的、有素质的人力资源经理人能完全摒弃地域的刻板效应，同时说服自己的上级及各部门负责人放弃这种不科学的想法，或者正面地看待不同地域文化所带来的多样性。

（三）招聘甄选中的学历歧视

学历种类繁多。在这么多年的工作中，我们作为第三方的招聘代理机构需要区分的学历越来越多。以前是中专、高中、大专、本科、硕士、博士、博士后……后来要区分成人和普通高招；成人还要再区分自考（高等教育自学考试）、成考（成人高等教育）、电大、网大；成考还要再区分为脱产还是在职。你以为这是我们最头疼的？其实并不是，因为不管复杂与否，还是能分清的，但现在不一样了。仅仅是统招本科就有三本（公办还是民办）、二本 B 类（同样有公办独立院校还是民办院校）、二本 A 类（这里面也有民办，我们的民办院校一直在进步，但也一直被歧视）、双非一本、985、211、985&211。人力资源经理们纷纷感慨学历分起来三六九等的时候比职级职等还复杂。

学历要求是"硬门槛"。在公务员招录和一些大型企业的招聘时，学历必须是全日制普通高校。非普通高等学历教育的其他国民教育形式（自学考试、成人教育、网络教育、夜大、电大等），毕业生取得毕业证后，需要符合职位要求的其他资格条件的，才可以报考。

后续学历被忽视。往往，一些努力学习，工作后仍然不断学习、不断进步的人，具备着更好的成就动机、更好的学习能力、更好的抗逆力、更好的毅力。

某全国知名的地产公司在招聘时往往注明要求全日制统招本科及以上学历，事实上在简历筛选时，还有第一学历必须为全日制统招本科的要求，即假定你现在有硕士学位，但你的第一学历是专科，那对不起，不录。我们不得不承认，作为一个全国性的企业，这样做可以保证被录用人员的整体水平，但很明显，对于很多仅仅在一次高考时失利，但能力水平各方面都表现优秀的很大一个群体来说，这样做并不公平。对于企业来说，也可能错失一些人才。

我们都在强调，我们要考察胜任力而非学历，但学历作为一个“标准”站在那里，是放在“任职资格”里的。从宏观上来说，学历高低与工作中呈现出来的能力确实存在着正相关。

人岗适配理论是在招聘中的一项重要的、有着实际意义的理论。在实际招录活动中，这一理论指导我们，并不是学历越高越好，而是要全面地考虑能力、技能、性格、稳定性等要素。但是在实际招录活动中，各种学历歧视仍然存在。

但是没有任何证据显示二本 A 类的毕业生与二本 B 类的毕业生在能力上甚至在工作后的绩效表现上会有明显差异。在这种情况下，仍然要对这二者进行区分，我觉得这就不仅仅不公平，甚至可以说是赤裸裸的歧视。

盲目追捧留学生学历。有些企业追捧所谓的海归，认为留学生的学历比国内高等教育学历更有含金量。留学生的学历认证就没问题了吗？在进行资格审查时，看一看原件很重要。注意，留服认证是在中国范围内对于国（境）外文凭的真实有效性以及同中国学历学位体系对应关系的唯一权威的确认方式。

学历的承认

国民教育系列承认的学历在高等教育方面有专科、本科、硕士研究生和博士研究生四个层次，从学历系列上讲主要包括专科、本科、第二学士学位班、研究生班（目前已停办）、硕士研究生和博士研究生六个方面，此外，还有1970年至1976年普通高校举办的大学普通班。

经国家教育主管部门批准以下学历证书，国家予以承认：

(1) 具有举办学历教育资格的普通高等学校（含培养研究生的科研单位）颁发的学历证书。

(2) 成人高等学校、民办学历学校所颁发的学历证书。

(3) 通过自学考试、由国务院自学考试委员会授权各省（自治区、直辖市）自学考试委员会颁发的自学考试毕业证书。

(4) 经国家教育主管部门批准在党校、成人高校、军事院校设立的全日制普通班中就读的学生所取得的毕业证书。

(5) 学历文凭考试学校颁发的毕业证书。

(6) 普通高等学校以远程教育形式举办的高等学历教育所颁发的毕业证书。

(7) 符合《中国人民解放军院校学历证书管理暂行规定》所颁发的学历证书。

(四) 招聘甄选中的外貌歧视

有一次我参加一个全国性的论坛，有一位提问者是位性感美丽的女士。她说，我开了个咨询工作室，但我什么都不懂，我什么都不会做，我应该怎么办？我在内心吐槽说什么都不懂给别人做咨询不就是骗钱的时候，她仍然获得了身为异性的几位专家的认真的回应。甚至在她第二次要接着发言的时候，几位专家和下面听讲的四五位男士往她跟前送话筒。

所以呢，激素的事情真的是一种本能，我们只能尽量避免在招聘甄选的过程中被这种本能主导，这种本能就是“以貌取人”。

在这个看脸的社会里，要求HR们一定要保持冷静，脱离开“以貌取人”似乎过于残酷，甚至我们会被招录单位反复叮嘱，形象气质很重要，我们是“服务型”的企业，不要让客户看到“不漂亮”的人，影响我们的企业形象。

通常情况下，我们尽量在这一点上做到公平，与大家分享以下几点做法：

1. 从招录岗位需求出发，从胜任素质能力出发，尽可能客观地对求职者进行评价及录用决策。

2. 正确理解客户及内部客户需要的“外貌”，对于他们来说美丽的人并不意味着脸蛋和身材，更多的是得体的着装与举止、有说服力的语言和具有亲和力的微笑。

3. 遇到特殊情况的求职者，从企业需求的角度出发，如果企业确实需要这些人，请大胆地使用。我们国家对于特殊人群给出的政策其实非常多，可以给企业带来实际的好处。

二、应聘者的隐私管理

（一）应聘者的人事档案管理

我国人事档案管理办法对人事档案的收集、归档、保密、查阅、转递等方面的管理做了详细规定。

收集的人事档案材料，必须经过认真的鉴别，属于归档的材料应真实准确、完整齐全、文字清楚、对象明确、手续完备、具有保存价值。需经组织审查盖章或本人签字的，应在盖章签字后方能归入人事档案。人事档案室对收集的人事档案材料按规定进行整理，并按在职人员档案、离退休人员档案、死亡档案进行分类、编号、排架。对人事档案应建立登记和统计制度，建立各类档案名册。每半年检查核对一次档案，做到档号与档案名册编号一致，发现问题及时解决。

根据安全保密、便于查找的原则，人事档案应严密科学地保管。档案房、档案柜等必须坚固，档案样式必须严格依照标准，为保证档案的安全保密，严禁任何人私自保管他人档案，人事档案干部不得保管本人和亲属的档案，不得在电话里泄露档案内容。凡需从人事档案中取证或办理公证，必须由人事档案室办理。对人事档案的接收、传递必须履行严格手续，有案可查。

在人事档案转递方面，规定指出，人事档案应通过机要交通渠道转递或派专人传送，不准邮寄或交本人自带。如外单位派专人来提取，必须持人事或组织部门出具的介绍信，一般介绍不予办理。如若需要办理档案转递，在没收到相关部门的转递档案通知单前，其档案仍由人事档案室保管，但要从处理决定下达之日算起，按有关部门的收费规定收取档案保管费。

以上关于人事档案管理的规定，有效避免了人事档案的管理缺失，既能使员工档案合理安放，使员工真正“融入”单位，也能使员工工作有档可查，检测员工职业生涯的发展，还能有效管理和保护员工，增强员工的安全感。

（二）应聘者企业档案管理

在应聘时，应聘者通常需要提供其个人的全部资料，人力资源部在使用和利用该类资料时，应对应聘者资料的鉴别、收集、整理、归档、保管、使用、检查核对、删除和销毁等环节管理工作有明确要求和规范（如图 8-1 所示）。

在进行应聘者档案管理的过程中，应尤其注意对应聘者的电子档案管理。人才资源网络记录评估应考虑以下几点[①]：在每条记录中保留的项目；在每条记录中信息的用处；信息在组织中的作用；对组织外的相关人士公开信息；个体对信息记录部门应用和公开信息的理解和了解程度；后备人才库的管理；安全/防火墙、不上传网络。

---

① 韦恩·卡西欧、赫尔曼·阿吉尼斯著，吕厚超等译：《人力资源管理中的应用心理学》，北京大学出版社。

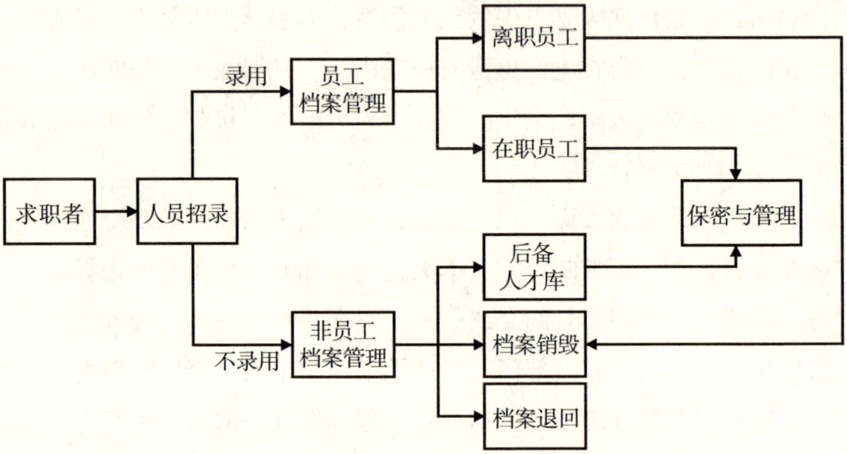

图 8-1 应聘者资料管理工作要求和规范

利用电子档案归档是近年档案管理中的先进手法。建立员工电子档案，可以高效率地进行员工管理，不仅能在短时间内查找员工的准确信息，还能清晰地显示出员工的履历记录图，便于企业全面掌握员工动态，进行精细管理。用人单位建立员工电子档案，最重要的是要做好电子档案的安全和保密工作，这就要求企业建立一套严密的电子档案管理制度，严格规范电子档案的归档、查阅、备份、销毁等方面的操作，还应配备专门的高素质、高技能的档案管理人才，以先进的技术保障档案安全，选择安全的电子档案管理软件（有条件时可以开发），加强电子防火墙建设，有效避免档案管理风险。

三、工作中的悖论

我们在工作中常常遇到很多悖论。比如，有些不适合女性工作的野外工作，但从就业公平角度来讲，我们不能拒绝女性求职者；有些工作表现非常好的职工因为没有发表论文而不能得到晋升；有些非常有能力的求职者因为第一学历不够而被拒之门外……

（一）实际工作需要与就业公平

1.“真正工作需要”与男女平等

1975 年英国《性别歧视禁止法》如雇主因“真正工作需要”而采取的男女有别的措施是允许的。虽然我国还没有相关内容的法律颁布，但值得注意的是，因为客观工作条件与工作环境的限制，很多工作岗位实际上是带有男女差异的。

在某少数民族村镇银行职员的招录中，一个特别偏远的支行仅需两名工作人员，银行从实际角度考虑，聘用女职员非常不安全，所以希望招录男性，但是从招聘简章到招录考试都找不到既合法又符合实际情况的办法。

像上面的这种情况在招录中并不是少数情况。但如若从法律规范的角度放开，直接规定可以根据实际工作情况进行男女区分，以上实际情况又会变成因“嫌弃”女性假期多等的“歧视者”们的理由及工具。

2. 政治正确是不是更重要？

《消除对妇女一切形式歧视公约》是联合国为消除对妇女的歧视、争取性别平等制定的一份重要国际人权文书。联合国在 1979 年 12 月 18 日的大会上通过该有关议案，并于 1981 年 9 月起生效。该公约确立规则，保障妇女在政治、法律、工作、教育、医疗服务、商业活动和家庭关系等各方面的权利。

（二）就业公平与健康

1. 性格测评

并不是心理状况好的人工作绩效表现就一定好，二者并没有绝对的相关性。人格测评只是对一个人性格的描述，我们可以考虑不同人的性格的互补以及团队性格的多样性，但不能生硬地将性格与岗位要求结合在一起。

从公平和有效性两方面考虑，笔者个人不建议将性格测评的结果用于录用决策。

2. 心理健康体检

心理健康体检的相关法律条文比较滞后操作规范标准尚未建立，但心理健康体检的重要性在日益彰显，企业对心理健康体检机构及主试人员的选择就变得尤为重要。

3. 体检

我国《就业促进法》第三十条规定，用人单位招用人员，不得以是传染病病原携带者为由拒绝录用。但是，经医学鉴定传染病病原携带者在治愈前或者排除传染嫌疑前，不得从事法律、行政法规和国务院卫生行政部门规定禁止从事的易使传染病扩散的工作。

这一规定在保障传染病人就业公平的同时，也保证了用人单位的用工安全，但是“易使传染病扩散的工作”的界定，虽然相关部门有明确规定，但在实际招录中，很多用人单位会利用这一规定限制传染病病原携带者的正常录用。

四、相关优惠政策

（一）录用残疾优惠政策

为发挥税收政策促进残疾人就业的作用，进一步保障残疾人权益，国家出台了2016《关于促进残疾人就业增值税优惠政策的通知》。针对符合享受优惠政策条件的企业，国家给予的优惠包括：对安置残疾人的单位和个体工商户（以下称纳税人），实行由税务机关按纳税人安置残疾人的人数，限额即征即退增值税的办法。

1. 安置的每位残疾人每月可退还的增值税具体限额，由县级以上税务机关根据纳税人所在区县（含县级市、旗，下同）适用的经省

（含自治区、直辖市、计划单列市，下同）人民政府批准的月最低工资标准的4倍确定。

2. 主管国税机关应按月退还增值税，本月已交增值税额不足退还的，可在本年度（指纳税年度，下同）内以前月份已交增值税扣除已退增值税的余额中退还，仍不足退还的可结转本年度内以后月份退还。主管地税机关应按月减征营业税，本月应缴营业税不足减征的，可结转本年度内以后月份减征，但不得从以前月份已交营业税中退还。

3. 上述增值税优惠政策仅适用于生产销售货物或提供加工、修理修配劳务取得的收入占增值税业务和营业税业务收入之和达到50%的单位，但不适用于上述单位生产销售消费税应税货物和直接销售外购货物（包括商品批发和零售）以及销售委托外单位加工的货物取得的收入。上述营业税优惠政策仅适用于提供“服务业”税目（广告业除外）取得的收入占增值税业务和营业税业务收入之和达到50%的单位，但不适用于上述单位提供广告业劳务以及不属于“服务业”税目的营业税应税劳务取得的收入。单位应当分别核算上述享受税收优惠政策和不得享受税收优惠政策业务的销售收入或营业收入，不能分别核算的，不得享受本通知规定的增值税或营业税优惠政策。

4. 兼营本通知规定享受增值税和营业税税收优惠政策业务的单位，可自行选择退还增值税或减征营业税，一经选定，一个年度内不得变更。

5. 如果既适用促进残疾人就业税收优惠政策，又适用下岗再就业、军转干部、随军家属等支持就业的税收优惠政策的，单位可选择适用最优惠的政策，但不能累加执行。

在安置残疾人单位的企业所得税征收方面，优惠如下：

1. 单位支付给残疾人的实际工资可在企业所得税前据实扣除，并可按支付给残疾人实际工资的100%加计扣除。单位实际支付给残疾人的工资加计扣除部分，如大于本年度应纳税所得额的，可准予扣除其不超过应纳税所得额的部分，超过部分本年度和以后年度均不得扣除。亏损单位不适用上述工资加计扣除应纳税所得额的办法。单位在执行上述工资加计扣除应纳税所得额办法的同时，可以享受其他企业所得税优惠政策。

2. 对单位按照第一条规定取得的增值税退税或营业税减税收入，免征企业所得税。

3. 本条所述“单位”是指税务登记为各类所有制企业（不包括个人独资企业、合伙企业和个体经营户）、事业单位、社会团体和民办非企业单位。

（二）录用退伍军人优惠政策

根据《财政部、国家税务总局、民政部关于调整完善扶持自主就业退役士兵创业就业有关税收政策的通知》，对商贸企业、服务型企业、劳动就业服务企业中的加工型企业和街道社区具有加工性质的小型企业实体，在新增加的岗位中，当年新招用自主就业退役士兵，与其签订1年以上期限劳动合同并依法缴纳社会保险费的，在3年内按实际招用人数予以定额依次扣减营业税、城市维护建设税、教育费附加、地方教育附加和企业所得税优惠。定额标准为每人每年4000元，最高可上浮50%。

五、案例分析

材料：美团点评歧视招聘引起风波，“招聘门”涉事员工被开除

2017年5月17日下午消息，网上曝光的一张美团点评的歧视招聘要求截图引发关注。

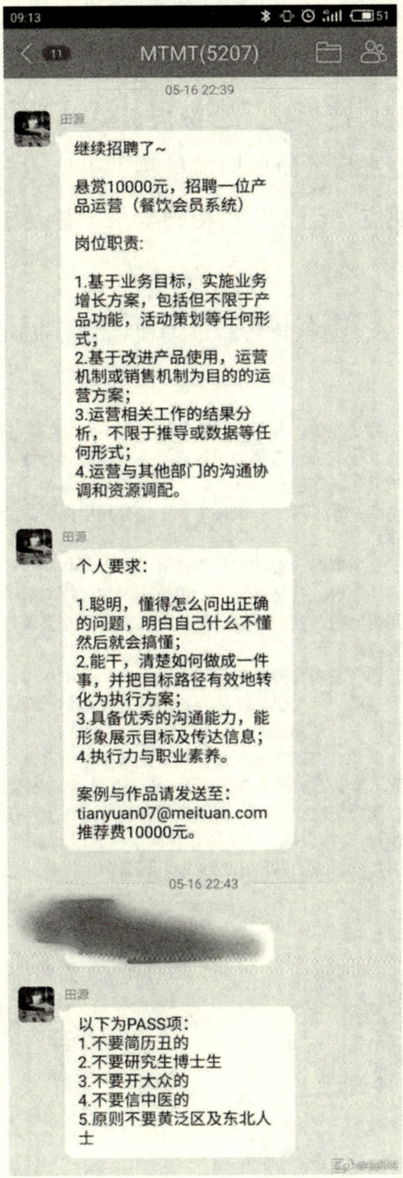

图 8-2

根据网上流传的截图显示，美团点评一名员工发布了一则招聘餐饮会员系统的产品运营一职的消息，不过其列举的五项 PASS 项被网友质疑涉嫌歧视，包括：不要简历丑的、不要研究生博士生、不要开大众的、不要信中医的、不要黄泛区及东北人士。

该消息引发网友广泛质疑，纷纷指责美团点评在招聘方面涉嫌歧视。随后美团官微也进行了简单回应，称“开大众信中医的东北河南混血丑小编表示个人观点不代表公司招聘要求，该员工正被拖出去打”。

关于美团点评员工田源的违纪通报

平等、包容、开放、创新，是互联网+的标签，美团点评作为一家快速发展的互联网公司，我们一直在努力营造阳光健康、积极向上、公开透明的职场环境。

然而很遗憾，我们身边今天却发生了与公司所倡导的价值观背道而驰的事件：

经集团安全监察部、餐饮平台HR联合调查，2017年5月17日餐饮平台生态产品部餐饮会员系统员工田源在内部工作大群中发布招聘信息时，使用地域歧视、爱好歧视类不当言论，在公司内外造成了极为恶劣影响。

田源公开场合发布并传播与公司导向、公司价值观相悖言论的行为，已严重违反了《美团点评阳光职场行为规范》。现公司正式对其做出辞退处理，即刻生效。

针对此次事件，公司深表惋惜，对于因田源不当言论所受到伤害的同学们及此事所造成的社会恶劣影响，我们也表达诚挚的歉意。同时也承诺将在员工纪律规范、组织氛围营造等方面上持续改进。

最后，我们真心希望每一位美团点评同学能够以此事为戒，让我们共同努力，力行正道，营造阳光健康、积极向上、公开透明的职场环境！

阳光委员会、安全监察部

人力资源部

2017年5月17日

图 8-3

思考：1. 田源的行为是否仅代表个人？

2. 美团的做法是否合理？有何种法律风险？

附录一 《消除对妇女一切形式歧视公约》全文

本公约缔约各国，

注意到《联合国宪章》重申对基本人权、人身尊严和价值以及男女平等权利的信念；

注意到《世界人权宣言》申明不容歧视的原则，并宣布人人生而自由，在尊严和权利上一律平等，且人人都有资格享受该宣言所载的一切权利和自由，不得有任何区别，包括男女的区别；

注意到有关人权的各项国际公约的缔约国有义务保证男女平等享有一切经济、社会、文化、公民和政治权利；

考虑到在联合国及各专门机构主持下所签署旨在促进男女权利平等的各项国际公约；

还注意到联合国和各专门机构所通过旨在促进男女权利平等的决议、宣言和建议；

关心到尽管有这些各种文件，歧视妇女的现象仍然普遍存在；

考虑到对妇女的歧视违反权利平等和尊重人的尊严的原则，阻碍妇女与男子平等参加本国的政治、社会、经济和文化生活，妨碍社会和家庭的繁荣发展，并使妇女更难充分发挥为国家和人类服务的潜力；

关心到在贫穷情况下，妇女在获得粮食、保健、教育、训练、就业和其他需要等方面，往往机会最少；

深信基于平等和正义的新的国际经济秩序的建立，将大有助于促进男女平等；

强调彻底消除种族隔离、一切形式的种族主义、种族歧视、新老殖民主义、外国侵略、外国占领和外国统治、对别国内政的干预，对于男女充分享受其权利是必不可少的；

确认国际和平与安全的加强，国际紧张局势的缓和，各国不论其社会和经济制度如何彼此之间的相互合作，在严格有效的国际管制下全面彻底裁军，特别是核裁军，国与国之间关系上正义、平等和互利原则的确认，在外国和殖民统治下和外国占领下的人民取得自决与独立权利的实现，以及对各国国家主权和领土完整的尊重，都将会促进社会进步和发展，从而有助于实现男女的完全平等；

确信一国的充分和完全的发展，世界人民的福利以及和平的事业，需要妇女与男子平等充分参加所有各方面的工作；

念及妇女对家庭的福利和社会的发展所作出的巨大贡献至今没有充分受到公认，又念及母性的社会意义以及父母在家庭中和在养育子女方面所负的任务的社会意义，并理解到妇女不应因生育而受到歧视，因为养育子女是男女和整个社会的共同责任；

认识到为了实现男女充分的平等需要同时改变男子和妇女在社会上和家庭中的传统任务；

决心执行《消除对妇女歧视宣言》内载的各项原则，并为此目的，采取一切必要措施，消除一切形式的这种歧视及其现象。

兹协议如下：

第一部分

第一条

为本公约的目的，“对妇女的歧视”一词指基于性别而作的任何区别、排斥或限制，其影响或其目的均足以妨碍或否认妇女不论已婚未婚在男女平等的基础上认识、享有或行使在政治、经济、社会、文化、公民或任何其他方面的人权和基本自由。

第二条

缔约各国谴责对妇女一切形式的歧视，协议立即用一切适当办法，推行政策，消除对妇女的歧视。为此目的，承担：

(a) 男女平等的原则如尚未列入本国宪法或其他有关法律者，应将其列入，并以法律或其他适当方法，保证实现这项原则；

(b) 采取适当立法和其他措施，包括适当时采取制裁，禁止对妇女的一切歧视；

(c) 为妇女与男子平等的权利确立法律保护，通过各国的主管法庭及其他公共机构，保证切实保护妇女不受任何歧视；

(d) 不采取任何歧视妇女的行为或做法，并保证公共当局和公共机构的行动都不违背这项义务；

(e) 应采取一切适当措施，消除任何个人、组织或企业对妇女的歧视；

(f) 应采取一切适当措施，包括制定法律，以修改或废除构成对妇女歧视的现行法律、规章、习俗和惯例；

(g) 同意废止本国刑法内构成对妇女歧视的一切规定。

第三条

缔约各国应承担在所有领域，特别是在政治、社会、经济、文化领域，采取一切适当措施，包括制定法律，保证妇女得到充分发展和进步，其目的是为确保她们在与男子平等的基础上，行使和享有人权和基本自由。

第四条

1. 缔约各国为加速实现男女事实上的平等而采取的暂行特别措施，不得视为本公约所指的歧视，亦不得因此导致维持不平等或分别的标准；这些措施应在男女机会和待遇平等的目的达到之后，停止采用。

2. 缔约各国为保护母性而采取的特别措施，包括本公约所列各项措施，不得视为歧视。

第五条

缔约各国应采取一切适当措施：

(a) 改变男女的社会和文化行为模式，以消除基于性别而分尊卑观念或基于男女定型任务的偏见、习俗和一切其他做法；

(b) 保证家庭教育应包括正确了解母性的社会功能和确认教养子女是父母的共同责任，但了解到在任何情况下应首先考虑子女的利益。

第六条

缔约各国应采取一切适当措施，包括制定法律，以禁止一切形式贩卖妇女和强迫妇女卖淫对她们进行剥削的行为。

第二部分

第七条

缔约各国应采取一切适当措施，消除在本国政治和公众事务中对妇女的歧视，特别应保证妇女在与男子平等的条件下：

（a）在一切选举和公民投票中有选举权，并在一切民选机构有被选举权；

（b）参加政府政策的制定及其执行，并担任各级政府公职，执行一切公务；

（c）参加有关本国公众和政治事务的非政府组织和协会。

第八条

缔约各国应采取一切适当措施，保证妇女在与男子平等不受任何歧视的条件下，有机会在国际上代表本国政府参加各国际组织的工作。

第九条

1. 缔约各国应给予妇女与男子有取得、改变或保留国籍的同等权利。它们应特别保证，与外国人结婚或于婚姻存续期间丈夫改变国籍均不当然改变妻子的国籍，使她成为无国籍人，或把丈夫的国籍强加于她。

2. 缔约各方在关于子女的国籍方面，应给予妇女与男子平等的权利。

第三部分

第十条

缔约各国应采取一切适当措施以消除对妇女的歧视，并保证妇女在教育方面享有与男子平等的权利，特别是在男女平等的基础上保证：

(a) 在各类教育机构，不论其在农村或城市，职业和行业辅导、学习的机会和文凭的取得，条件相同。在学前教育、普通教育、技术、专业和高等技术教育以及各种职业训练方面，都应保证这种平等；

(b) 课程、考试、师资的标准、校舍和设备的质量一律相同；

(c) 为消除在各级和各种方式的教育中对男女任务的任何定型观念，应鼓励实行男女同校和其他有助于实现这个目的的教育形式，并特别应修订教科书和课程以及相应地修改教学方法；

(d) 领受奖学金和其他研究补助金的机会相同；

(e) 接受成人教育、包括成人识字和实用识字教育的机会相同，特别是为了尽早缩短男女之间存在的教育水平上的一切差距；

(f) 减少女生退学率，并为离校过早的少女和妇女办理种种方案；

(g) 积极参加运动和体育的机会相同；

(h) 有接受特殊教育性辅导的机会，以保障家庭健康和幸福，包括关于计划生育的知识和辅导在内。

第十一条

1. 缔约各国应采取一切适当措施，消除在就业方面对妇女的歧视，以保证她们在男女平等的基础上享有相同的权利，特别是：

(a) 人人有不可剥夺的工作权利；

(b) 享有相同就业机会的权利，包括在就业方面相同的甄选标准；

(c) 享有自由选择专业和职业，提升和工作保障，一切服务福利和条件，接受职业训练和再训练，包括实习训练、高等职业训练和经常训练的权利；

(d) 同样价值的工作享有同等报酬包括福利和享有平等待遇的权利，在评定工作的表现方面，享有平等待遇的权利；

(e) 享有社会保障的权利，特别是在退休、失业、疾病、残废和老年或在其他丧失工作能力的情况下，以及享有带薪假的权利；

(f) 在工作条件中享有健康和安全保障，包括保障生育机能的权利。

2. 缔约各国为使妇女不致因为结婚或生育而受歧视，又为保障其有效的工作权利起见，应采取适当措施：

（a）禁止以怀孕或产假为理由予以解雇，以及以婚姻状况为理由予以解雇的歧视，违反规定者得受处分；

（b）实施带薪产假或具有同等社会福利的产假，不丧失原有工作。年资或社会津贴；

（c）鼓励提供必要的辅助性社会服务，特别是通过促进建立和发展托儿设施系统，使父母得以兼顾家庭义务和工作责任并参与公共事务；

（d）对于怀孕期间从事确实有害于健康的工作的妇女，给予特别保护。

3. 应参照科技知识，定期审查与本条所包含的内容有关的保护性法律，必要时应加以修订、废止或推广。

第十二条

1. 缔约各国应采取一切适当措施以消除在保健方面对妇女的歧视，保证她们在男女平等的基础上取得各种保健服务，包括有关计划生育的保健服务。

2. 尽管有本条第1款的规定，缔约各国应保证为妇女提供有关怀孕、分娩和产后期间的适当服务，于必要时给予免费服务，并保证在怀孕和哺乳期间得到充分营养。

第十三条

缔约各国应采取一切适当措施以消除在经济和社会生活的其他方面对妇女的歧视，保证她们在男女平等的基础上有相同的权利，特别是：

（a）领取家属津贴的权利；

（b）银行贷款、抵押和其他形式的金融信贷的权利；

(c) 参与娱乐活动、运动和文化生活所有各方面的权利。

第十四条

1. 缔约各国应考虑到农村妇女面对的特殊问题和她们对家庭生计包括她们在经济体系中无金钱交易的部门的工作方面所发挥的重要作用，并应采取一切适当措施，保证对农村地区妇女适用本公约的各项规定。

2. 缔约各国应采取一切适当措施以消除对农村地区妇女的歧视，保证她们在男女平等的基础上参与农村发展并受其惠益，尤其是保证她们有权：

(a) 充分参与各级发展规划的拟订和执行工作；

(b) 有权利用充分的保健设施，包括计划生育方面的知识、辅导和服务；

(c) 从社会保障方案直接受益；

(d) 接受各种正式和非正式的训练和教育，包括实用识字的训练和教育在内，以及除了别的以外，享受一切社区服务和推广服务的惠益，以提高她们的技术熟练程度；

(e) 组织自助团体和合作社，以通过受雇和自雇的途径取得平等的经济机会；

(f) 参加一切社区活动；

(g) 有权取得农业信贷，利用销售设施，获得适当技术，并在土地改革和土地垦植计划方面享有平等待遇；

(h) 享受适当的生活条件，特别是在住房、卫生、水电供应、交通和通信方面。

第四部分

第十五条

1. 缔约各国应给予男女在法律面前平等的地位。

2. 缔约各国应在公民事务上，给予妇女与男子同等的法律行为能力，以及行使这种行为能力的相同机会。特别应给予妇女签订合同和管理财产的平等权利，并在法院和法庭诉讼的各个阶段给予平等待遇。

3. 缔约各国同意，旨在限制妇女法律行为能力的所有合同和其他任何具有法律效力的私人文书，应一律视为无效。

4. 缔约各国在有关人身移动和自由择居的法律方面，应给予男女相同的权利。

第十六条

1. 缔约各国应采取一切适当措施，消除在有关婚姻和家庭关系的一切事项上对妇女的歧视，并特别应保证她们在男女平等的基础上：

（a）有相同的缔婚权利；

（b）有相同的自由选择配偶和非经本人自由表示，完全同意不缔婚约的权利；

（c）在婚姻存续期间以及解除婚姻关系时，有相同的权利和义务；

（d）不论婚姻状况如何，在有关子女的事务上，作为父母亲有相同的权利和义务。但在任何情形下，均应以子女的利益为重；

（e）有相同的权利自由负责地决定子女人数和生育间隔，并有机会获得使她们能够行使这种权利的知识、教育和方法；

（f）在监护、看管、受托和收养子女或类似的制度方面，如果国家法规有这些观念的话，有相同的权利的义务，但在任何情形下，均应以子女的利益为重；

（g）夫妻有相同的个人权利，包括选择姓氏、专业和职业的权利；

（h）配偶双方在财产的所有、取得、经营、管理、享有、处置方面，不论是无偿的或是收取价值酬报的，都具有相同的权利。

2. 童年订婚和童婚应不具法律效力，并应采取一切必要行动，包括制定法律，规定结婚最低年龄，并规定婚姻必须向正式登记机构登记。

第五部分

第十七条

1. 为审查执行本公约所取得的进展起见，应设立一个消除对妇女歧视委员会（以下称委员会）由在本公约所适用的领域方面德高望重和有能力的专家组成，其人数在公约开始生效时为十八人，到第三十五个缔约国批准或加入后为二十三人。这些专家应由缔约各国自其国民中选出，以个人资格任职，选举时须顾及公平地域分配原则及不同文化形式与各主要法系的代表性。

2. 委员会委员应以无记名投票方式自缔约各国提名的名单中选出。每一缔约国得自本国国民中提名一人候选。

3. 第一次选举应自本公约生效之日起六个月后举行，联合国秘书长应于每次举行选举之日至少三个月前函请缔约各国于两个月内提出所提名之人的姓名。秘书长应将所有如此提名的人员依英文字母次序，编成名单，注明推荐此等人员的缔约国，分送缔约各国。

4. 委员会委员的选举应在秘书长于联合国总部召开的缔约国会议中举行，该会议以三分之二缔约国为法定人数，凡得票最多且占出席及投票缔约国代表绝对多数票者当选为委员会委员。

5. 委员会委员任期四年。但第一次选举产生的委员中，九人的任期应于两年终了时届满，第一次选举后，此九人的姓名应立即由委员会主席抽签决定。

6. 在第三十五个国家批准或加入本公约后，委员会将按照本条第2、3、4款增选五名委员，其中两名任期为两年，其名单由委员会主席抽签决定。

7. 临时出缺时，其专家不复担任委员会委员的缔约国，应自其国民中指派另一专家，经委员会审核许可后，填补遗缺。

8. 鉴于委员会责任的重要性，委员会委员应经联合国大会批准后，从联合国资源中按照大会可能决定的规定和条件取得报酬。

9. 联合国秘书长应提供必需的工作人员和设备，以便委员会按本公约规定有效地履行其职务。

第十八条

1. 缔约各国应就本国为使本公约各项规定生效所通过的立法、司法、行政或其他措施以及所取得的进展，向联合国秘书长提出报告，供委员会审议：

（a）在公约对本国生效后一年内提出；

（b）自此以后，至少每四年并随时在委员会的请求下提出。

2. 报告中得指出影响本公约规定义务的履行的各种因素和困难。

第十九条

1. 委员会自行制定其议事规则。

2. 委员会应自行选举主席团成员，任期两年。

第二十条

1. 委员会一般应每年召开为期不超过两星期的会议以审议按照本公约第十八条规定提出的报告。

2. 委员会会议通常应在联合国总部或在委员会决定的任何其他方便地点举行。

第二十一条

1. 委员会应就其活动，通过经济及社会理事会，每年向联合国大会提出报告，并可根据对所收到缔约各国的报告和资料的审查结果，提出意见和一般性建议。这些意见和一般性建议，应连同缔约各国可能提出的评论载入委员会所提出的报告中。

2. 秘书长应将委员会的报告转送妇女地位委员会，供其参考。

第二十二条

各专门机构对属于其工作范围内的本公约各项规定，有权派代表出席关于其执行情况的审议。委员会可邀请各专门机构就在其工作范围内各个领域对本公约的执行情况提出报告。

第六部分

第二十三条

（a）缔约各国的法律；

（b）对该国生效的任何其他国际公约、条约或协定，如载有对实现男女平等更为有利的任何规定，其效力不得受本公约的任务规定的影响。

第二十四条

缔约各国承担在国家一级采取一切必要措施，以充分实现本公约承认的各项权利。

第二十五条

1. 本公约开放给所有国家签署。

2. 指定联合国秘书长为本公约的受托人。

3. 本公约须经批准，批准书交存联合国秘书长。

4. 本公约开放给所有国家加入，加入书交存联合国秘书长后开始生效。

第二十六条

1. 任何缔约国可以随时向联合国秘书长提出书面通知，请求修正本公约。

2. 联合国大会对此项请求，应决定所须采取的步骤。

第二十七条

1. 本公约自第二十份批准书或加入书交存联合国秘书长之日后第三十天开始生效。

2. 在第二十份批准书或加入书交存后，本公约对于批准或加入本公约的每一国家，自该国交存其批准书或加入书之日后第三十天开始生效。

第二十八条

1. 联合国秘书长应接受各国在批准或加入时提出的保留，并分发给所有国家。

2. 不得提出与本公约目的和宗旨抵触的保留。

3. 缔约国可以随时向联合国秘书长提出通知，请求撤销保留，并由他将此项通知通知全体国家。通知收到后，当日生效。

第二十九条

1. 两个或两个以上的缔约国之间关于本公约的解释或适用方面的任何争端，如不能谈判解决，经缔约国一方要求，应交付仲裁。如果自要求仲裁之日起六个月内，当事各方不能就仲裁的组成达成协议，任何一方得依照《国际法院规约》提出请求，将争端提交国际法院审理。

2. 每一个缔约国在签署或批准本公约或加入本公约时，得声明本国不受本条第1款的约束，其他缔约国对于作出这项保留的任何缔约国，也不受该款的约束。

3. 依照本条第2款的规定作出保留的任何缔约国，得随时通知联合国秘书长撤回该项保留。

第三十条

本公约的阿拉伯文、中文、英文、法文、俄文和西班牙文文本具有同等效力，均应交存联合国秘书长。

下列署名的全权代表，在本公约之末签名，以昭信守。

缔约国责任

缔约各国谴责对妇女一切形式的歧视，协议立即用一切适当办法，推行政策，消除对妇女的歧视。为此目的，承担：

(a) 男女平等的原则如尚未列入本国宪法或其他有关法律者，应将其列入，并以法律或其他适当方法，保证实现这项原则；

(b) 采取适当立法和其他措施，包括适当时采取制裁，禁止对妇女的一切歧视；

(c) 为妇女与男子平等的权利确立法律保护，通过各国的主管法庭及其他公共机构，保证切实保护妇女不受任何歧视；

(d) 不采取任何歧视妇女的行为或作法，并保证公共当局和公共机构的行动都不违背这项义务；

(e) 应采取一切适当措施，消除任何个人、组织或企业对妇女的歧视；

(f) 应采取一切适当措施，包括制定法律，以修改或废除构成对妇女歧视的现行法律、规章、习俗和惯例；

(g) 同意废止本国刑法内构成对妇女歧视的一切规定。

国际劳工组织大会，经国际劳工组织理事会召集，于1958年6月4日在日内瓦举行其第42届会议，经决定采纳会议议程第四项关于就业和职业领域的歧视的某些提议，并经确定这些提议应采取国际公约的形式，并考虑到费城宣言肯定全人类不分种族、信仰或性别都有权在自由和尊严、经济保障和机会均等的条件下谋求其物质福利和精神发展，并进一步考虑到歧视构成对世界人权宣言所阐明的各项权利的侵犯，于1958年6月25日通过1958年消除就业和职业歧视公约。

附录二　《消除就业和职业歧视公约》全文

第一条

一、就本公约而言，“歧视”一词包括：

(一) 基于种族、肤色、性别、宗教、政治见解、民族血统或社会出身等原因，具有取消或损害就业或职业机会均等或待遇平等作用的任何区别、排斥或优惠；

(二) 有关会员国经与有代表性的雇主组织和工人组织（如存在此种组织）以及其他适当机构协商后可能确定的、具有取消或损害就业或职业机会均等或待遇平等作用的其他此种区别、排斥或优惠。

二、对一项特定职业基于其内在需要的任何区别、排斥或优惠不应视为歧视。

三、就本公约而言，“就业”和“职业”二词所指包括获得职业培训、获得就业和特定职业，以及就业条款和条件。

第二条

凡本公约生效的会员国，承诺宣布和遵循一项旨在以符合国家条件和惯例的方法促进就业和职业机会均等和待遇平等的国家政策，以消除这方面的任何歧视。

第三条

凡本公约生效的会员国，承诺以符合国家条件和实践的方法：

（一）寻求雇主组织和工人组织及其他适当机构在促进接受和遵守该项政策方面的合作；

（二）制定可赖以使人接受和遵守该项政策的法规，推进可赖以使人接受和遵守该项政策的教育计划；

（三）废除任何不符合该项政策的法令规定，修改任何不符合该项政策的行政指示或做法；

（四）在一个国家当局的直接控制下在就业方面执行该项政策；

（五）在一个国家当局的指导下在职业指导、职业培训和安置服务活动方面保证遵守该项政策；

（六）在公约实施情况年度报告中说明为执行该项政策采取的行动以及这种行动所获得的结果。

第四条

针对有正当理由被怀疑为或证实参与了有损国家安全活动的个人所采取的任何措施，不应视为歧视，只是有关个人应有权向按照国家实践建立的主管机构提出申诉。

第五条

一、国际劳工大会通过的其他公约和建议书规定的保护或援助的特殊措施不应视为歧视。

二、凡会员国经与有代表性的雇主组织和工人组织（如存在此种组织）协商，得确定为适合某些人员特殊需要而制定的其他专门措施应不被视为歧视，这些人员由于诸如性别、年龄、残疾、家庭负担，或社会或文化地位等原因而一般被认为需要特殊保护或援助。

第六条

凡批准本公约的会员国承诺按照国际劳工组织章程的规定将其实施于非本土领地。

第七条

本公约的正式批准书须送请国际劳工组织总干事登记。

第八条

一、本公约对其批准书经国际劳工组织总干事登记的国际劳工组织会员国有约束力。

二、本公约自两个会员国的批准书经总干事登记之日起 12 个月后生效。

三、此后，对于任何会员国，本公约应自其批准书经登记之日起 12 个月后生效。

第九条

一、凡批准本公约的会员国，自本公约初次生效之日起满 10 年后得向国际劳工组织总干事通知解约，并请其登记。此项解约通知书自登记之日起满 1 年后始得生效。

二、凡批准本公约的会员国，在前款所述 10 年期满后的 1 年内未行使本条所规定的解约权利者，即须再遵守 10 年，此后每当 10 年期满，得依本条的规定通知解约。

第十条

一、国际劳工组织总干事须将国际劳工组织各会员国所送达的一切批准书和解约通知书的登记情况，通知本组织的全体会员国。

二、总干事在将所送达的第二份批准书的登记通知本组织全体会员国时，须提请各会员国注意本公约开始生效的日期。

第十一条

国际劳工组织总干事须将他按照本公约以上各条规定所登记的一切

批准书和解约通知书的详细情况，按照《联合国宪章》第102条的规定，送请联合国秘书长进行登记。

第十二条

国际劳工组织理事会在必要时，须将本公约的实施情况向大会提出报告，并审查应否将本公约的全部或部分修订问题列入大会议程。

第十三条

一、如大会通过新公约对本公约作全部或部分修订时，除新公约另有规定外，应：

（一）如新修订公约生效和当其生效之时，会员国对于新修订公约的批准，依法应为对本公约立即解约，而无须按照本公约第九条的规定办理；

（二）自新修订公约生效之日起，本公约须即停止接受会员国的批准。

二、对于已批准本公约而未批准修订公约的会员国，本公约以其现有的形式和内容，在任何情况下仍须有效。

第十四条

本公约的英文本和法文本同等为准。

附录三 《中华人民共和国就业促进法》(部分)

第二十五条 各级人民政府创造公平就业的环境，消除就业歧视，制定政策并采取措施对就业困难人员给予扶持和援助。

第二十六条 用人单位招用人员、职业中介机构从事职业中介活动，应当向劳动者提供平等的就业机会和公平的就业条件，不得实施就业歧视。

第二十七条 国家保障妇女享有与男子平等的劳动权利。

用人单位招用人员，除国家规定的不适合妇女的工种或者岗位外，不得以性别为由拒绝录用妇女或者提高对妇女的录用标准。

用人单位录用女职工，不得在劳动合同中规定限制女职工结婚、生育的内容。

第二十八条　各民族劳动者享有平等的劳动权利。

用人单位招用人员，应当依法对少数民族劳动者给予适当照顾。

第二十九条　国家保障残疾人的劳动权利。

各级人民政府应当对残疾人就业统筹规划，为残疾人创造就业条件。

用人单位招用人员，不得歧视残疾人。

第三十条　用人单位招用人员，不得以是传染病病原携带者为由拒绝录用。但是，经医学鉴定传染病病原携带者在治愈前或者排除传染嫌疑前，不得从事法律、行政法规和国务院卫生行政部门规定禁止从事的易使传染病扩散的工作。

第三十一条　农村劳动者进城就业享有与城镇劳动者平等的劳动权利，不得对农村劳动者进城就业设置歧视性限制。

附录四　《女职工劳动保护特别规定》

2012 年 4 月 18 日国务院第 200 次常务会议通过《女职工劳动保护特别规定》，予 4 月 28 日公布，自公布之日起施行。其中，关于女职工禁忌从事的劳动范围说明如下：

一、女职工禁忌从事的劳动范围：

（一）矿山井下作业；

（二）体力劳动强度分级标准中第四级体力劳动强度的作业；

（三）每小时负重 6 次以上、每次负重超过 20 公斤的作业，或者间断负重、每次负重超过 25 公斤的作业。

二、女职工在月经期间禁忌从事的劳动范围：

（一）冷水作业分级标准中规定的第二级、第三级、第四级冷水作业；

（二）低温作业分级标准中规定的第二级、第三级、第四级低温作业；

（三）体力劳动强度分级标准中规定的第三级、第四级体力劳动强度的作业。

三、女职工在怀孕期间禁忌从事的劳动范围：

（一）作业场所空气中铅及其化合物、汞及其化合物、苯、镉、铍、砷、氰化物、氮氧化物、一氧化碳、二硫化碳、氯、乙内酰胺、氯丁二烯、氯乙烯、环氧乙烷、苯胺、甲醛等有毒物质浓度超过国家职业卫生标准的作业；

（二）从事抗癌药物、已烯雌酚生产，接触麻醉剂气体等易导致流产或者胎儿发育畸形的作业；

（三）非密封源放射性物质的操作，核事故与放射事故的应急处置；

（四）高处作业分级标准中规定的高处作业；

（五）冷水作业分级标准中规定的冷水作业；

（六）低温作业分级标准中规定的低温作业；

（七）高温作业分级标准中规定的第三级、第四级的作业；

（八）噪声作业分级标准中规定的第三级、第四级的作业；

（九）体力劳动强度分级标准中规定的第三级、第四级体力劳动强度的作业；

（十）在密闭空间、高压室作业或者潜水作业，伴有强烈振动的作业，或者需要频繁弯腰、攀高、下蹲的作业。

四、女职工在哺乳期间禁忌从事的劳动范围：

（一）怀孕期间禁忌从事的劳动范围的第一项、第九项；

（二）怀孕期间禁忌从事的劳动范围的第三项；

（三）作业场所空气中锰、氟、溴、甲醇、有机磷化合物、有机氯化合物等有毒化学物质的浓度超过国家职业卫生标准的作业。

附录五　中华人民共和国《劳动法》(部分)

第十二条　劳动者就业，不因民族、种族、性别、宗教信仰不同而受歧视。

第十三条　妇女享有与男子平等的就业权利。在录用职工时，除国家规定的不适合妇女的工种或者岗位外，不得以性别为由拒绝录用妇女或者提高对妇女的录用标准。

附录六　《中华人民共和国妇女权益保障法》(部分)

第二十二条　国家保障妇女享有与男子平等的劳动权利和社会保障权利。

第二十三条　各单位在录用职工时，除不适合妇女的工种或者岗位外，不得以性别为由拒绝录用妇女或者提高对妇女的录用标准。

各单位在录用女职工时，禁止录用未满十六周岁的女性未成年人，国家另有规定的除外。

第二十四条　实行男女同工同酬。妇女在享受福利待遇方面享有与男子平等的权利。

第二十五条　在晋职、晋级、评定专业技术职务等方面，应当坚持男女平等的原则，不得歧视妇女。

第二十六条　任何单位均应根据妇女的特点，依法保护妇女在工作和劳动时的安全和健康，不得安排不适合妇女从事的工作和劳动。

妇女在经期、孕期、产期、哺乳期受特殊保护。

第二十七条　任何单位不得因结婚、怀孕、产假、哺乳等情形，降低其工资、予以辞退、与其解除劳动或者聘用合同。

各单位在执行国家退休制度时，不得以性别为由歧视妇女。

附录七 《女职工劳动保护规定》(部分)

第三条 凡适合妇女从事劳动的单位，不得拒绝招收女职工。

附录八 《中华人民共和国就业促进法》(部分)

第三条 劳动者依法享有平等就业和自主择业的权利。

劳动者就业，不因民族、种族、性别、宗教信仰等不同而受歧视。